마이 네임 이즈

마이 네임 이즈

초판 1쇄 발행 2023년 09월 01일

지은이 한완정
펴낸이 장현수
펴낸곳 메이킹북스
출판등록 제 2019-000010호

표지 및 삽화 Haak
디자인 박단비
편집 최미영
교정 강인영
마케팅 안지은

주소 서울특별시 구로구 경인로 661, 핀포인트타워 912-914호
전화 02-2135-5086
팩스 02-2135-5087
이메일 making_books@naver.com
홈페이지 www.makingbooks.co.kr

ISBN 979-11-6791-420-0(03810)
값 16,800원

ⓒ 한완정 2023 Printed in Korea

잘못된 책은 구입하신 곳에서 바꾸어 드립니다.
이 책의 전부 또는 일부 내용을 재사용하려면 사전에 저작권자와 펴낸곳의 동의를 받아야 합니다.

홈페이지 바로가기

메이킹북스는 저자님의 소중한 투고 원고를 기다립니다.
출간에 대한 관심이 있으신 분은 making_books@naver.com으로 보내 주세요.

마이 네임 이즈

한완정 지음

메이킹북스

작가의 말

그러니까 2022년 5월 27일의 일이다. 나의 외가 쪽 3명의 할머니들에게 나의 비장한 계획을 공표한 것이.

"할머니들 이야기를 써야겠어."

나의 어마어마한 계획들을 모르셨던 나의 외할머니는 그저 웃으셨다. 뒷일은 생각지 못한 채로.

할머니들의 이야기를 쓰겠다고 마음먹은 건 5월 중후반의 일이었다. 처음에는 합쳐서 6명 되는 외할머니의 형제, 자매 분들의 이야기가 참 기구하고 안쓰럽다고만 생각했다. 그도 그럴 것이 뒤에서 차차 기록하겠지만 전쟁을 겪은 그 시절, 그 시대의 늙은 청춘들의 이야기는 잠깐 들어도 도통 뭐라 입을 열 수 없게 된다. 그 아픔의 시대를 살면서 여태껏 수없이 한을 풀어내셨을 거고 듣는 이들은 대체로 안타까움의 탄식을 흘렸을 것이 분명하기에 나라도 그냥 묵묵히 듣고 싶었다. 막상 그들은 아무렇지 않게 얘기하는데도 말이다.

어릴 적 초등학교 1학년 때부터 나는 외가 쪽에선 둘째인 나의 외할머니의 손을 잡고 친목계를 자주 나갔었다. 그땐 혼란스러웠다. 왜? 우리 할머니를 닮은 또 다른 분들이 너무 많았기 때문이다. 그때 거기 살았던 누가 이번에 죽었다더라, 걔는 아직 살아 있다더라. 죽음에 대한 이야기들은 그때나 지금이나 노인 분들에겐 참으로 쉬워 보였다. 그렇게 약 20여 년을 할머니들, 할아버지들의 품에서 온갖 사연들을 수집해 왔다. 이 다람쥐 모임(뽈뽈 함께 놀러 다니시는 모습을 보고 내가 지은 이름이다.)의 막내로서 나는 22번의 해를 보내고 나서야 그들의 지나온 삶을 기록해야겠다는 생각을 했다.

  책의 기획은 생각보다 어려웠다. 다른 사람의 생을 관찰하고 덧붙이는 것. 내가 아닌 남을 들여다봐야지. 이 생각을 쓰는 내내 잊지 않으려고 애썼다. 함부로 삶은 이렇다고 건방 떨지 말아야지. 모든 것에 함부로 의미 부여하는 나의 습관을 멈춰 줄 수 있는 건 나보다 생을 더 오래 산 노인 분들의 이야기밖에 없었다. 상대들이 너무나 강력하다. 인터뷰 질문 또한 한참을 생각했다. 좋은 소재와 소스들이 넘쳐날 것인데 그걸 끌어내는 게 인터뷰어의 역량이지 않은가. 할머니들의 이야기는 분명 완벽하다. 개개인 각자의 후회는 당연히 묻어 있겠지만 글의 소재로는 군더더기가 없다. 이제 나의 능력에 따라 이 모든 것의 매듭이 잘 지어지냐, 엉망진창이 될 것이냐가 정해진다. 하지만 전혀 부담되진 않는다. 나를 지켜 준 이 사랑스럽고 늙은 친구들은 항상 나를 뒤에서 지켜보는 것이 아닌, 바로 옆에서 지켜 주기 때문이다.

  자, 여기까진 책을 폈을 때 작가인 나조차도 그냥 넘기기 일쑤였던 작가의 말이었다. 이제 우린 늙을 노, 사람 인. 이 노인들의 삶으로 들어가야

작가의 말   5

한다. 글을 읽다 혼나는 느낌이 들게 하긴 싫다. 나는 꼰대와 지혜롭게 나이 든 사람들을 구분하기 위해 고뇌했다. 답은 '함부로 조언을 하냐, 마냐.'였다. 이 책의 핵심인 인터뷰를 보여 드리기 전, 나는 이 책의 소중한 독자들을 안심시키고 싶다. 여러분에게 불편한 조언은 이 책에 존재하지 않을 것을 약속드린다. 책을 기획하면서 다짐했던 나의 소신대로 할머니들의 이야기는 철저히 그들이 살았던, 살고 있는 세상에 대한 경험이다.

그 경험에서 무엇을 얻을지는 읽는 이들이 편안하게 선택하면 될 것이다.

책 사용법(어른들 캐릭터 설명/유의할 점)

〈이 책의 유의 사항〉

1. 책은 인터뷰를 기본으로 전개된다.
2. 공통된 질문은 4가지. 그 외의 개인 질문은 인터뷰어 자율로 진행된다.
3. 책의 내용은 대개 사실과 경험 전달이 우선으로 서술된다.
4. 작가는 철저히 자신의 이야기가 아닌 타인의 이야기를 주로 삼고 경청한다.
5. 사실적인 감정 표현을 위해 인터뷰이들간의 단체 인터뷰는 되도록이면 삼간다.
6. 이 모든 건 실화를 바탕으로 쓴 수필임을 밝힌다. 다만 인터뷰이들의 재치 있는 MSG는 너그러이 넘어가 주시길 바란다.

〈나이 먹지 않는 등장인물들〉

이은승 - 65세, 작가의 삼촌할아버지, 형제들 중 막내

: 형제들 중 막내. 항상 큰 다인용 봉고차를 끌고 다니시며 누나들을 태우고 전국을 여행 다니신다. 책을 쓰려고 맘먹었을 때 할아버지께서 할머니들의 이복동생이라는 걸 밝혀야 하나 고민했으나 그 고민이 무색하게 털털 웃으시며 아무 상관없다고 말씀하실 정도로 자유로운 영혼이시다. 모험가의 기질을 타고나신 분이라 생각한다. 항상 그 모험가 정신으로 조수석에 소중한 인연을 태우고 트로트 가락을 흥얼거리시며 여행하신다. 우리는 때때로 그의 모습에서 왠지 사랑꾼의 모습을 엿보곤 한다.

이선희 - 66세, 작가의 작은 이모할머니, 형제들 중 셋째

: 웃음도 많고 그녀만의 따뜻한 언어와 마음을 소유한 분. 비교적 늦둥이로 태어나 언니들의 애정을 많이 받으셨다. 불과 몇 년 전까지 사업으로 인하여 캄보디아에서 거주하다 오셨다. 기가 아주 센 두 언니들 사이에서 항상 다툼을 말리시고 중재하시는 역할... 작가의 엄마와 유독 성격과 생각이 잘 맞는다. 밝고 명랑한 해바라기가 떠오른다.

이녹희 - 77세, 작가의 외할머니, 형제들 중 둘째

: 작가의 평생을 함께 살아 주신 외할머니. 유복한 집안이었으나 6.25 전쟁으로 인하여 집안이 망하게 되었다. 할머니의 아버지 되시는 분은 그

책 사용법(어른들 캐릭터 설명/유의할 점)

시절 첩을 두신 분이어서 할머니에겐 이복동생 분들이 계신다. 그러나, 이복동생 분들과 사이가 굉장히 좋으시다. 어려서부터 배움에 대한 욕구와 흥이 많으신 덕에 그 시절, 고등학교(심지어는 오락 반장도 하셨음)까지 나오셨다. 작가의 외할아버지와 혼인하여 굉장한 부와 명예를 누리셨으나 집안 재정이 기울게 된다. 하지만 강한 모성애와 생활력으로 딸과 아들을 경제적인 모자람 없이 유학 생활까지 시켰으며 남편의 암 간호까지 해내신다. 남편의 죽음 이후 본인에게도 암이 찾아와서 그런지 현재는 다행히 완치되셨지만 아직까지 건강 염려증이 심하시다. 성격은 굉장히 명랑 쾌활, 다혈질 소유자. '가족'에 대한 애착이 굉장하시다. 항상 재잘재잘 꾀꼬리 같으시다.

이명희 - 80세, 작가의 큰 이모할머니, 형제들 중 셋째

: 어려서부터 몸이 안 좋으셨다고 한다. 그 때문인지 바로 아래 동생인 작가의 외할머니에게 도움을 많이 받으셨다고. 집에서 주무실 때 알아차렸지만 불교에 대한 애정이 강하신 것 같다. 자기 전 기도와 함께 일기를 쓰신다. 작가의 외할머니와 정말 작은 문제로도 투닥거리신다. 하지만 앞선 두 명의 여동생들처럼 엄청난 사랑을 갖고 계신 분이다. 철원에서 농사를 지으시며 동생들과 자식들에게 많은 걸 나눠 주신다. 자신만의 철학이 대단하시다. 작가는 '작은 철학자'라고 부른다.

목차

작가의 말	004
책 사용법 (어른들 캐릭터 설명/유의할 점)	008
나의 나이 든 청춘들을 위하여, 헌정 글	012
1장 마이 네임 이즈	015
2장 '한 인간의 기억이란'	031
1. 가장 어린 기억 한 줌	032
2. 당신의 기억 속 빛과 어둠	047
3장 '사랑을 나눠 주며 사는 게 꿈이야'	063
4장 '엄마, 우리 엄마가 보고 싶어'	075
5장 '나이가 든다, 마음은 계속 채워진다'	089
6장 '청춘은 젊음이기만 할까?'	103
7장 '침을 뱉어도 가만히 있는 바위가 되고 싶어.'	115
8장 어느 한 시절로 돌아간다면? 그리고, 다시 '나'	127
9장 늙지 않는 나이에 대하여, 늙지 않는 마음에 대하여, 나의 친구들에게	139
사랑하는 나의 친구들에게	140

Behind Q&A
인터뷰 소감과 독자 분들에게 전하고픈 메시지가 있으신가요?   145

나의 나이 든 청춘들을 위하여, 헌정 글

처음 이 책을 기획하겠다고 맘을 먹었을 때 가장 먼저 응원해 주시고 형제분들에게 손을 뻗어 주신 분이 둘째, 이녹희 할머니이셨다. 나의 외할머니이시며 엄마의 엄마, 아빠에겐 장모님, 형제들에겐 둘째 누나 또는 언니. 그러나 20여 년을 할머니 손에 크며 오롯한 그녀의 생에 대해 먼저 궁금해한 적이 없다. 물어보지 않아도 꼭 둘이 있을 때 많은 얘기를 들려주셨으니까. 하지만 이런 저런 일이 있었다며 간간히 자신의 무용담을 들려주었을 뿐 그녀의 삶을 통째로 꺼내 보이진 않았다. 처음, 이 책을 쓰게 된 시기는 알바 겸 일했던 국어 전문 학원에서 원장의 갑질로 신물이 나 있을 때였다. 과외가 아닌 첫 번째 사회 경험은 정말 최악이었다. 그러나 출퇴근길에 플랫폼으로 짧게나마 보았던 드라마 〈디어 마이 프렌즈〉를 시청하며 진정 해야 하는 인생 숙제를 그제야 알아차렸다. 그 인생 숙제는 하나의 질문으로 시작되었다.

나는 왜 할머니가 항상 할머니였을 거라 생각했을까?

태어나 보니 나는 할머니라는 나이 든 여인의 품에 안겨 있었고, 그 품이 곧 내 인생에 있어 언제든 안길 수 있는 품이 되었기 때문에? 이유가 뭐든 저 질문은 오류 그 자체였다. 그래서 이번을 기회로 생각했다. 할머니는 내 할머니가 되기 전에 무엇이셨을까? 바보 같은 고민이었다. 그 전엔 삼촌과

엄마의 엄마이셨겠지. 그럼 그 전엔? 돌아가신 외할아버지의 부인이셨겠지. 그럼 또 그 전엔?

...딸이자, 언니 또는 누나이자,

그저 '나 자신'.

그래서 이제는 병원 또는 여러 종교 기관이나 읍사무소에서 이름을 말하고 들을 일이 많이 생긴 할머니를 위해 이 연안 이씨 형제들 본연의 이름을 찾아 드리기로 마음먹었다. 아 참, 이 책엔 종종 '다람쥐 친구들' 또는 '다람쥐 모임'이라는 말이 때때로 등장할 수도 있다. 그건 여기저기 쫑쫑 다양한 걸음 속도로 소풍을 다니시는 모습을 보고 내가 '다람쥐 모임'이라고 이름을 지어 드린 것이다. 그때 무척이나 재밌어 하셨다. 그 소녀, 소년 같은 웃음을 잊을 수 없어 이 책을 만든다.

이제, 본격적으로 우리 다람쥐 친구들의 이름을 다시 찾아 드리려 한다. 그리고 시간이란 물레를 잠시 반대 방향으로 돌려 보려 한다.

그렇기에 첫 번째 이야기는 나의 나이 든 다람쥐 친구들의 자기소개이다.

내 소중한 친구들의 이름을 찾는 여정, 이제 시작해 본다.

1장

마이 네임 이즈

'나는, 나는 들꽃' : 나이가 들어 사람은 자신을 어떻게 소개할지 문득 궁금해졌다. 소개를 듣는 순간, 그들의 삶이 그릇으로 보이기 시작했다.

인터뷰에 응하신 사 형제 중 나의 외할머니 되시는 둘째 할머니, 이녹희 씨의 인터뷰 발췌 내용이다.

둘째 할머니, 이녹희의 인터뷰

나 자기소개 먼저 해 주세요.

둘째 할머니 마이 네임 이즈 이녹희. 신영지웰 (아파트에) 삽니다.

나 '나는 누구다'라고 표현할 때 할머니는 자신을 뭐라고 표현하고 싶으신가요?

둘째 할머니 나는 이녹희입니다.

나 다른 사람들은 '나는 무엇이다.'라고 하잖아요, 보통.

둘째 할머니 그치. 근데 나는 그냥 "안녕하세요. 녹희예요." 이래.

나 그렇다면 이름으로 자신을 표현한 이유는?

둘째 할머니 그냥 그러고 싶어. 이름이 예뻐서 이름을 알리고 싶어.

나 이름은 누가 지어주신 거죠?

둘째 할머니 이름은 할머니의 친할아버지가 지어 주셨어. 학자셨어. 글방을 하셨거든. 무척 유식했어.

나 단지 이름이 예뻐서, 할머니 자신을 알리고 싶어서 그렇게 소개하신 거예요?

둘째 할머니 나는 누군가의 누구로 기억되는 게 싫어. 그냥 이녹희는 이녹희인 거야. 얼마나 이름이 예뻐.

첫 인터뷰는 30분 정도 우리 집 부엌 식탁에서 이루어졌다. 이 이야기는 이 책에 나오는 연안 이씨 사 형제 중 둘째 '이녹희' 할머니의 첫 인터뷰이자, 다람쥐 친구들 중에서 가장 첫 번째 인터뷰였다.

할머니는 인터뷰 전 무척이나 설레하셨다. 형제들을 모은 장본인인 만큼 인터뷰는 도대체 언제 하는 거냐며 재촉하신 적도 많았다. 그땐 할 일이 너무 많아 조금 피곤하기도 했는데 지금 생각해 보면 그들에게 이 일은 회상과 되찾는 일 그 자체였다. 그래서 난 이녹희 할머니의 자기소개를 듣고 왜인지 눈을 제대로 쳐다볼 수가 없었다. 기다렸다는 듯이 그 당당한 목소리로 자신의 이름 석 자를 내뱉는 노인의 눈빛은 눈이 부셨다. 무엇을 어디서 하고 있는 사람도 아니고, 누군가의 어떤 존재도 아니고 나는 나이고, 여기에 산다. 이게 끝.

여름인데도 건조해서 잔뜩 부르튼 입술로 불리운 이름은 가히 아리따웠다. 이름이 예뻐서, 내 이름이 예뻐서 알리고 싶다는 한 인간에게 아직 여물지 못한 또 다른 작은 인간은 그 1m 간격쯤 되는 식탁 건너편에서 잠깐이나마 어른이 될 수 있었다. 자꾸만 쑥스러우신지 털털 웃으시는 그 시간이 생각난다.

사실 난 누구의 엄마, 누구의 장모, 누구의 할머니로 자신을 소개하실 줄 알았다. 그러나 그건 나의 아주 고리타분한 생각이었다. 역시나 상대적 억겁의 시간을 빚은 자의 지혜는 아직 따라가기 힘들다. 한여름, 입병으로 고생하시던 할머니는 언제 입 안이 곪았냐는 듯 인터뷰 내내 또박또박 그 누구보다 당당하게 자신을 소개하셨다. 심플하고 단조로울지 몰라도 그게 인간 '이녹희'의 소개였던 것이다. 그리고 그때, 시간의 물레를 돌리며 만들었던 둘째 할머니의 첫 번째 작품을 색동저고리 색의 종달새 그릇으로 떠올렸다. 재잘재잘 짧은 시간 동안 많은 이야기가 오고 갔던 녹희 할머니의 자기소개는 정말 자기를 소개하는 것으로 아주 단순하고 깊이감 있게 끝이 났다. 지금도 아주 명확한 발음으로 "마이 네임 이즈 이 녹 희." 그리고 신영지웰이란 아파트에 산다 말했던 녹희 할머니의 당당함이 울려 퍼진다.

녹희 씨, 스타트 굿잡이었습니다. 굿잡.

인터뷰에 응하신 사 형제 중 나의 작은 이모할머니 되시는 셋째 할머니, 이선희 씨의 인터뷰 발췌 내용이다.

셋째 할머니, 이선희의 인터뷰

나   먼저 자기소개 한번 해 주세요. 어떻게 자기를 소개하고 싶으신지.

셋째 할머니   음, 나는 꼭 이렇게 봄에 핀 들꽃같이 산 것 같아. 그냥 봄이 되면 피고 겨울이 되면 지고 바람 불면 바람 따라 움직이고 그렇게 혼자 스스로 살았다고 생각해.

나   살아가시면서 어떨 때 그런 느낌을 많이 받으셨어요?

셋째 할머니   그러니까 가족은 많은데 일찍 할아버지, 할머니(본인의 아빠, 엄마)가 돌아가셨기 때문에 언니들 두 분이 부모 대신 그렇게 보듬어 주고 많이 했는데 그 나름대로 일찍 결혼들을 하셨잖아. 나이 차이가 많고. 물론 마음이 항상 가깝고 늘 옆에 있는 것 같이 그랬지. 근데 뭐 초등학교 다닐 때 1학년 때 큰언니가 시집가시고, 또 5학년 때 작은언니가 시집가시고 그랬는데- 물론 자주 연락했지만, 그때 당시에는 뭐 전화도 없고 막 편지로만 연락할 수 있었으니까.... 그렇게 편지를 많이 기다렸고. 그리고 또 작은 언니는 가깝게 사니까 학교 갔다 오며 가며 들르고 했는데 그래도 또 나름대로 혼자 있는 시간이 참 많았던 것 같아.

나   그랬구나.... 사실 들꽃이라는 건 다른 꽃들처럼 자연의 순리대로 피워지는 거잖아요.

셋째 할머니   응, 응, 그래 나는 항상 순리대로. 나는 순리대로 했어. 어 그러다가 하여튼 최선을 다해서 살았어.

난 셋째 할머니만 뵈면 항상 늦여름의 바다가 떠올랐다. 건강하게 탄 피부와 이국적인 눈매, 그리고 시원하지만 부드러운 목소리. 그래, 셋째 할머니는 최선을 다해 순리를 타고 삶을 서핑하신 분이라 설명할 수 있겠다.

우선, 셋째 할머니는 이름 석 자에서 풍겨오는 분위기처럼 선하시다. 언제나 웃음을 지어주시며 "완정아, 목소리를 들으니 너무 반갑다~"라며 악수를 청하시던 선희 할머니.

이선희. 그녀의 이름처럼 내가 평생 봐 온 셋째 할머니는 선선한 바람에 몸을 맡기며 살아오신 것 같았다. 어떤 역경이든 흐르는 대로 살아가셨던 시간이 글을 쓰면서도 드문드문 떠오른다. 이 책에서 등장하는 사 형제 모두가 각자의 방식으로 모든 이들을 사랑하지만 내가 봐 온 셋째 할머닌 그들 중에서도 가장 아무것도 바라지 않고 누군갈 사랑하고 안아 줄 수 있는 힘을 가지고 계신 분이었다. 그러나 의외로 셋째 선희 할머니를 인터뷰를 하며 느낀 건 초연함과 외로움이었다. 그래서 난 인터뷰 후반에 더더욱 바다가 떠올랐는지도 모른다. 파도 소리가 나지만 그거 말곤 가끔의 재잘거림과 갈매기의 울음소리만이 들려오는 잔잔한 겨울 바다 말이다.

그래서 난 할머니를 보며 마냥 기쁘기만 하고 예쁜 바다라고 할 수 없다. 힘들고 아픈 사람에게 손을 내밀 줄 아는 사람은 그들의 아픔을 어느 정도 공감하고, 알기 때문이다. 인간이란 자신이 공감하지 못하는 일에 애써 사랑과 긍정을 쏟지 않는 생명체이다. 그렇게 못한다고 생각한다. 가식으로는 그럴 수 있어도 진심어린 손길을 빈 깡통이 꽉 채워진 것처럼 연기할 순 없단 것이다. 그런 의미에서 선희 할머니의 자기소개에선 앞선 둘째 녹희 할머니에게서 보이지 않던 외로움이 느껴졌다. 막둥이로 태어나 일찍이 부모님을 여의고 다 큰 언니들이 시집을 가서 홀로 보내야 했던 시간이 많았던 것, 모두 선희 할머니의 삶의 목적이나 의도에서 벗어난 일이었다. 조금 더 오래 언니들과 붙어살고 싶었을 거고, 조금 더 오래 부모님의 관심과 때로는 애정 어린 꾸짖음에서 뛰놀고 싶었을 것이다. 내 마음대로 되지 않는 인생, 하지만 할머니는 가장 좋아하는 노래로 〈소풍 같은 인생〉이란 트로트를 꼽으셨다. 감히 예컨대 어쩌면 소풍 같은 인생이야말로 할머니의 가장 큰 인생의 바람이 아니었을까 싶다. 가사처럼 인생을 소풍 가듯 웃으며 살고 싶으셨을 우리 셋째 선희 할머니. 그의 물레는 조금 빠르게 돌아갔는지도 모른다. 천천히 돌아가는 물레에 삶이란 진흙을 올리기도 전에 시간이 빠르게 흘러, 급하게 생을 살아야 했던 어린 도공은 그렇게 어린 나이에 바람에 몸을 맡기며 살았던 것 같다.

봄에 핀 들꽃같이 산 것 같아. 그냥 봄이 되면 피고 겨울이 되면 지고 바람 불면 바람 따라 움직이고 그렇게 혼자 스스로 살았다고 생각해.

장미나 튤립, 철쭉이나 개나리도 아니고 들판에 핀 이름 모를 꽃처럼 그저 피고 지고 바람이 불면 흔들리는 생. 선희 할머니는 어릴 적부터 언니들

등에 업혀 키워졌다고 다른 할머니들은 그리 말씀하시지만 '이선희' 한 사람의 인생에선 지극히 외로우셨던 것 같다. 가족들에게 차마 말할 수 없는 이야기들이 개개인에게 존재하는 것처럼 선희 할머니만이 알고 계신 한기 어린 바람들이 얼마나 많았을까. 순리대로 흘러가듯이 몸을 맡겼다는 할머니의 목소리가 귓가에 선-하다. 인터뷰를 시작했던 큰 이모할머니의 시골 집 거실에서 바깥을 내다보며 초롱하게, 왠지 모를 눈물의 막이 덮여 있던 그녀의 눈망울을 잊을 수가 없다. 자기소개부터 느껴졌던 삶에 대한 개인의 애정과 아쉬움이 도드라졌던 인터뷰였다. 선희 할머니의 그릇은 기도가 담긴 짙은 바다 빛 같은 울트라마린 색이다.

인터뷰에 응하신 사 형제 중 나의 막내 삼촌 할아버지 되시는 막내 할아버지, 이은승 씨의 인터뷰 발췌 내용이다.

막내 할아버지, 이은승의 인터뷰

나　　자기소개 부탁드립니다.

막내 할아버지　나를 소개를 해라?

나　　네. 나는 어떤 사람일까에 대한?

막내 할아버지　흠, 그런 생각을 한 번도 해 본 적이 없어서.

나　　그냥 딱 한마디로 성격이나 그런 것들 있잖아요. 그런 거 간단하게 말씀해 주셔도 되고.

막내 할아버지　그냥 내 자신이, 나는 항상 어떤 사람한테 내가 필요한 사람이 되고 싶은 어떤 그런 망상이라 그럴까.... 그 어느 누구한테도 싫다는 개념을 보이고 싶지 않은 마음을 가지고 있어. 그런 개념을 갖고 사는 거지. 그냥 어떤 사람이 됐든 나하고 원만하게 지내고 될 수 있는 것, 내가 보탬이 되는 게 좋지, 그 사람한테 손해 끼치는 게 싫고. 주로 그런 스타일이야. 그렇게 살아, 살기도.

책에서 소개될 형제들 중 가장 늦둥이이신, 나에겐 막내 삼촌할아버지이시다. 처음에 인터뷰를 한다고 말씀드렸을 땐 우스갯소리처럼 넘기셨다. 별 볼일 없는 말들일 텐데 무엇을 말해야 하냐고 말이다. 하지만 나는 기억한다. 할아버지에게서 보였던 다정한 눈빛과 거칠한 손갖을. 난 언젠가 이 나이 든 친구의 지금을 꼭 설득해야 한다 생각했다. 어쩐지 우린 마주 보고 해야 할 이야기들이 너무나 많을 것 같다는 생각이 들었기에. 그리고 꽤나 간단하게 우리 둘은 같은 시간, 같은 장소에서 마주 보고 이야기를 나눌 수 있었다.

다른 할머니들은 도공으로서 그릇을 빚으셨다면 할아버지는 나무를 평생 깎으셨다고 표현하고 싶다. 도공이 아닌 어느새 나이가 들어 버린 목공. 가장 단단해 보이는 목재를 골라 한 꺼풀 두 꺼풀 깎으셨고 그렇게 자신이 아끼는 누군가의 소중한 것들을, 또는 누군가의 마음을 자신의 나무 그릇에 담으셨다. 평생에 걸쳐서 말이다.

사람은 평생을 필요한 사람이 되고 싶어 한다. 쓸모 있고 싶고 쓸 데가 있는 사람이면 외로워하지 않는다. 하지만 그건 본인을 위한 것에 더 비중이 크다. 이 인터뷰에서 할아버지는 오롯이 누군가의 필요에 헌신하는 자였다. 누군가와 만나든 원만하게 지내고 싶고 보탬이 되어 사랑을 주고받고 싶은 사람. 사실, 사랑을 받고 싶은 쪽에 더 가까우셨으리라 생각해 본다. 그래서 난 오히려 자주 많이 그냥, 웃는 사람들을 예의 주시한다. 다른 이들의 사랑과 호기심, 호감이 필요한 이들일 수도 있겠다는 생각 때문이다. 셋째 선희 할머니에게서 외로운 바다를 보았던 것처럼 나는 막내 은승 할아버지를 고독한 고목나무로 떠올려 본다. 하지만 다행히 형제들과 가족들로 인해 사랑을 아는 나무라고도 생각해 본다. 배가 다른 형제임에도 다른 누나들과 잘 지낼 수 있었던 이유는 사랑을 고파하는 연안 이씨 형제들의 원초적이고 공통적인 본능 때문일 것이다.

나무를 깎는 손놀림이 어설퍼 이리저리 나무칼에 베이던 그 어린 목공은 이제 거친 손으로 매끈한 목재 그릇을 만들 줄 안다. 아주 단단하여 떨어트려도 이가 나가지 않는 그릇, 그것이 막내 은승 할아버지의 生이었다.

인터뷰에 응하신 사 형제 중 나의 이모할머니 되시는 첫째 이모할머니, 이명희 씨의 인터뷰 발췌 내용이다.

첫째 할머니, 이명희의 인터뷰

나　　　자기소개를 먼저 해 주실까요? 할머니를 소개할 수 있는 말들이면 다 해 주시면 돼요. 천천히 해 주시면 돼요.

첫째 할머니　　내 소개를 뭐라고 해.

나　　　쭉 어떻게 할머니에 대해서 말씀해 주셔도 되고, 나는 어떤 사람이다 이렇게 말씀해 주셔도 되고.

첫째 할머니　　나는 억척 할머니다.

나　　　(잠시의 침묵) 왜, 그렇게 말씀해 주신 이유가 있으실까요?

첫째 할머니　　응. 나는 어려서부터 넉넉지 않은 집에서 유년기부터 살아서 평생을 부자 소리 듣고 사는 게 목표였었어. 그래 가지고 내가 할 수 있는 건, 내 힘닿는 건 어떤 것이든지 다 억척스럽게 해서 억척 할머니라고 생각해 내가.

나　　　음.... 그러면 다른 분들도 할머니가 억척스럽게 강인하게 살았다 생각하시나요?

첫째 할머니　　남들은 안 그렇게 생각해.

나　　　아 남들은 그렇게 생각 안 하시고-

첫째 할머니　　내가 아유, 유년기도 여유 있었고 평상시도 아주 순하니까 항상 넉넉한 사람으로 알아. 경제적으로나 학벌 이런 거나 다 이렇게 좀.... 잘사는 사람 그런 사람으로 봐. 근데 나는 내 나름 대로 최대한의 억척을 떨어서 돈을 버는데, 남들이 볼 때는 일 도 하나도 안 하는 할머니로 알아.

본인을 억척 할머니라 소개하시는 분이 바로 이 다람쥐 친구들의 대장, 첫째 이명희 할머니이시다. 첫 인터뷰가 철원 깊은 시골에 있는 첫째 할머니 댁에서 이루어졌기에 나와 함께 사시는 둘째 할머니를 제외하곤 인터뷰 날짜가 다 같다. 본의 아니게 할머니 할아버지 철원 여행에 끼게 된 나는 그 하루 동안 사랑을 듬뿍 받으면서 지냈는데 이날은 수도 없이 눈물이 나서 다람쥐 친구들 앞에서 우는 어린 다람쥐가 되지 않기 위해 숱하게 노력했던 기억이 있다. 나도 할머니만큼은 아니더라도 억척스럽게 내 눈물의 늪을 메꾸었던 것 같다.

첫째 이명희 할머니는 슬픔보단 이겨냄을 더 많이 보인 '어른'이셨다. 시간의 물레를 누구보다 천천히 신중하게 돌리려고 한 듯 그의 말엔 공백 같지 않은 공백이 꽉 차 있었다. 첫째 할머니는 본인에 대한 객관화에 열과 힘을 쏟으시는 분이셨다. 마치 첩첩산중 한계령을 고개고개마다 쉼 없이 넘어 다니는 보부상처럼- 시간의 물레를 가만히 두지 않으셨을 듯하다. 유복하지 않은 집에서 맏이로 태어나 어린 동생들을 돌보고 받을 사랑보다 줘야 하는 사랑이 더 많았을 그녀를 생각하면 내 마음도 겹겹이 묵직해진다. 산은 이제 내려가라 하는데 내려갈 곳이 마땅히 없었을 할머니를 생각하면 세월의 물레가 참 야속하다. 모두들 기본적인 의식주로 고생했을 시대에 태어나 기쁨과 슬픔을 온전히 느낄 새도 없었던 세월. 뒤에 이어질 인터뷰에서 이야기를 계속하겠지만 첫째 할머니는 다른 분들보다 삶 자체에 대한 감정이 마치 그릇을 빚을 때 걸러내는 불순물처럼 몇몇이 제외되어 있다. 아예 그때는 감정을 느끼는 것도 사치처럼 느껴졌다는 듯이 말이다. 그래서 나는 이명희 할머니의 그릇을 도라지꽃이 담긴 백자 도자기라 표현하고 싶다. 평생을 걸쳐 삶의 불순물을 걸러낸 그의 노고는 백자가 아니면 표현할 길이 없다. 장녀였던 도공은 이제 무언가를 만들지 않아도 삶의 장인이 되어버렸다. 수많은 백자 도자기들을 남기고 말이다.

―――――― 2장 ――――――

'한 인간의 기억이란'

―――
순간은 기억이 되고 기억은 모순을 불러일으키고 그 모순은 경험이 된다. 나의 늙은 친구들에게 '기억'과 '어린 시절'은 자꾸만 반복하고 싶은 빛이자 소금이었다.

1. 가장 어린 기억 한 줌

둘째 할머니, 이녹희의 인터뷰

나   할머니 가장 어렸을 때 유년 시절 기억이 뭐예요?

둘째 할머니   초등학교 3~4학년까진 잘 살았어. 5학년 그때서부턴 기울어지기 시작하는 걸 느낌으로 알겠더라고. 집을 짓고 있는데 갑자기 집이 무너졌어. 그 안에 사람이 들어 있는데. 꿈이 아니라 진짜로. 학교 갔다 왔는데 그게 (집이) 무너지는 거야. 근데 그때 생각에도 이게 망하려고 이러나 보다 싶었어.

나   기울어지게 된 결정적 계기라는 게 있었을까요?

둘째 할머니   아버지가 멀리 나가서 안 들어왔어. 자식들은 많은데 집에 안 들어오는 거야. 거기서 *마나님(둘째 부인: 삼촌할아버지의 친모이자 3명의 할머니들에겐 2번째 어머니)을 얻어 가지고 살고 그랬던 거지.

나   할머니는 6.25 전쟁 때 4살이었는데 피신하셨겠네?

둘째 할머니   화장실 있는 데 구덩이 파서 살았지. 방공호라 그래 그걸. 그때는 북한 놈들인 줄 알았는데 생각해 보면 중국 놈들이었던 것 같아. 우리 집 돼지, 소 같은 걸 잡아먹고 한데 어울려 살았어. 꽤 한참을.

나   어쨌든 제일 오래된 기억이 초등 4학년 때 부자로 살았던 기억이 가장

	오래되었다는 거네요.
둘째 할머니	그래. 그때는 이제 일하는 사람 둘이 있고 할머니 돌봐주는 여자가 한 명 있고 그랬어. 그리고 농사짓는 머슴이 있었어. 논도 많았어.
나	근데 어쩌다 부자가 되신 거예요?
둘째 할머니	정미소를 했어. 방앗간이라 그러지. 외가댁이. 여러 가지 개화 공장하고 그러려다가 망했어. 연못도 파서 오리도 백 마리씩 기르고 그랬는데 한꺼번에 다 죽더라고.
나	그럼 5학년 때 이후로 가세가 기울고 어디서 사셨나요?
둘째 할머니	다시 지었어. 그래서 잘라내고 지어서 얕아, 집이.
나	어쨌든 둘째 부인을 모시고 같이 사신 거잖아. 처음 모시고 왔을 때가 기억이 나세요?
둘째 할머니	응, 할머니는 기억이 나지. 그 양반(둘째 부인)이 우리 엄만 줄 알았어. 닮았어. 그리고 엄마(할머니들의 친모)는 큰언니만 위하는 것 같아서 딴 사람이 낳았나 싶었어, 난. 너 태어나서 업고 다닐 때까지도 사셨어. 둘째 엄마가.
나	할머니 친어머니는 성격이 어떠셨는데요?
둘째 할머니	막내 이모할머니하고 똑같아. 조신하고, 그렇게 (남편의 둘째 부인이) 들어왔어도 미워하지 않고 발뒤꿈치를 들고 다녔어. 남편한테 복종하고 순종하는 스타일이었어. 말도 조그맣게 했어. "얘, 그렇게 하면 되니." 이랬어. 화가 막 날 일이어도.
나	그러면 할머니 친아버지는 성격이 어떠셨어요?

둘째 할머니	나라면 엄청 위했어. 결혼하고도 아버지가 와서 자전거도 사 주고 가고 아들이 태어나니 돈도 수시로 갖다 주고 중국집으로도 부르고 바나나 이런 거 사 주고 그랬어.
나	왜 예뻐하신 것 같아요?
둘째 할머니	비위를 잘 맞춰서. 내가 성격을 닮았어. 키도 크지 않고, 우리 엄마는 크고. 나하고 은승이 삼촌할아버지하고 제일 닮았어.
나	근데 자라면서 할머니가 비위를 많이 맞추셨다 했잖아.
둘째 할머니	그치, 그래서 내가 너희 할아버지(본인의 남편) 비위도 잘 맞췄잖아.
나	피곤하지 않으셨어요?
둘째 할머니	엄청 피곤했지. 근데 아버지한테 그럴 땐 피곤함을 몰랐어. 돈 주고 막 그러니까. 면 물 떠놓고 발 닦아 주고 비위를 잘 맞췄지. 돈 탈 일이 있으면.
나	혼나셨던 기억은 있으세요?
둘째 할머니	아버지, 어머니도 안 혼내셨어. 그 기억이 없어. 아, 길에서 내가 똥을 누고 나무 뒤에 숨어 있다가 누가 바지저고리 입고 오면 발로 탁 튀겼어. 똥물을. 그래서 야단을 맞았어. 바지저고리 빨아 줘야 하잖아. 그래서 혼난 적이 있어. 집에 못 들어가고 무서워서. 근데 내가 필히 피신하는 자리가 있어. 바위 암자. 우리 집이 내다보여. 거기 숨어 있었지. 누가 찾으러 오기도 했었어. 기억은 안 나도. 쫓아오는 사람이 없으면 뒤를 돌아보고 그랬대.

잔칫집 가더라도 나 먼저 차려 줘야지. 안 그러면 삐쳐서 그냥 왔어. 나를 위하고 아무개 왔구나 하지 않으면 삐쳐. 지금도 그래. 오직 나만 위하라는 성격이지. 보이잖아. 너희들한테도 보일 거야.

나　　지금까지의 말씀들은 할머니 생각이야, 기억이야?

둘째 할머니　　**기억이야.**

　노인의 기억은 길다. 생각보다 굵고 길다. 할머니는 생각보다 아주 오래 전 일을 기억하고 계셨다. 삶의 포화와 예기치 못했던 핏줄의 인연. 고단한 세태들 모두 그녀의 인생의 절반을 메꾸고 있었다. 할머니에게 6.25 전쟁 이후의 삶은 트라우마보단 부모의 사랑과 때로는 그들을 향한 결핍의 시절이었다. 너무 어릴 적이라 잘은 기억이 안 난다 하셔도 포탄 소리와 먹을 고기가 없어 사람들이 말고기로 장조림을 담가 먹었다는 말씀까지 하시는 걸 보면 둘째 할머니의 기억의 우선순위는 어렵던 세태가 아닌 것 같았다. 인터뷰에서도 드러났지만 그녀의 삶의 첫 번째, 할머니의 언어로 '와따'는 '가족'이라 생각한다.

　나는 할머니의 이야기를 들으며 붉은 실이 중간마다 꼬여진 스웨터를 연상했다. 집을 짓고 있는 과정에서 눈앞에서 붕괴되는 과정을 지켜보고 광산으로 일 나가신 아버지의 부재와 기다림 끝에 새롭게 시작된 새로운 핏줄의 도래. 나는 덤덤히 이야기하는 그녀를 보며 함부로 동요되지 않기로 했다. 공감할 수 없는 사연일뿐더러 솔직한 마음으로 공감을 애쓰고 싶지 않았다. 내가 할 수 있는 일은 그저, 그저 듣는 일. 단지 그뿐만 할 수 있었다. 지금 할머니가 입고 계신 인생이란 빨간 스웨터를 지어 입기까지 얼마나 고달프고 행복했을지 가늠조차 되지 않았기에 나는 할머니를 끌어안으며 해진 인생의 붉은 매듭들을 매만질 수밖에 없었다. 사실 난, 불안정한 세계 속에서도 단 한 번도 자신의 삶이 망가졌다거나 불행하다고 말씀하시지 않는 이유에 대해 궁금했다. 그래서 이번을 기회로 그녀의 아픈 속내를 내가 경솔하게 드러내는 것은 아닌지 걱정했다. 그러나 세상은 그녀를 강하게 만들었고, 그녀는 그런 세상을 아름답게 탐구했다. 마음을 어떻게 먹고 쓰느냐가 이렇게 추억과 회상을 다르게 만든다. 아버지에 대한 추억과 그리움, 한 번도 소리를 지른 적 없는 어머니에 대한 여전한 호기심, 애틋한 둘째어머니와 그 형제들에 대한 애정. 처음엔 배가 다른 형제에 대한 포용력에 대인배라는 단어를 이녹희 둘째 할머니의 핵심 키워드로 뽑았지만 그건 한참 모자랐던 생각이었다. 그녀의 말에서 느껴지는 사랑을 향한 어린 아이 같은 갈망과 언뜻 살그마니 보이는 그 시절만의 그리움들을 엿보며 나는 누구나 가슴 한 쪽에 어린 아이를 보듬으며 산다는 걸 알았고, 둘째 할머니만의 무심한 듯하지만 정성 어린 삶의 시선을 알아차렸다. 그렇게 할머니의 시선에 맞춰 내 시선을 돌려 보니 그곳엔 유독 얕게 지어진 집의 흙 마당에서 뛰어노는 열두 살짜리 소녀가 있었다. 그 소녀는 사랑하는 이들을 생글 웃으며 기다리고 있었다. 기다림이 미학인지 희망 고문인지 모르겠지만 항상 사랑하는 사람들을 기다렸던 그녀의 모토가 무엇인지는 이젠 알았다.

이녹희, 그의 인생 모토는 그저…. '받아들이자'였다.

셋째 할머니, 이선희의 인터뷰

나   혹시 그러면 유년 시절 중 가장 기억에 남는 기억이 있으세요?

셋째 할머니   어렸을 때는 우리 엄마 돌아가신 게 제일 기억에 남지.

나   나이가 어떻게 되셨을 때 돌아가신 거예요?

셋째 할머니   국민학교 3학년이니까, 학교 갔다 오니까 갑자기 뒤숭숭하고 사거리서부터 "빨리 집에 가 봐." 이러고, 사람들이 이상한 거야. 학교 갔다 와서 가 보니까 돌아가셨더라고. 너무 황당하고 그러고는 뭐 실신하고 생각이 안 나는 거야. 그, 염할 때 지금도 생각나. 염한 사람이 그렇게 미운 거야. 내 생각엔 살아 있는 사람 같은데 관에다 넣고 못질을 한다는 게. 그러고는 생각이 안 나더라고. 실신을 한 것 같아. 그리고 제일 큰오빠하고 둘째어머니랑 싸울 때 너무 힘들었지. 그러니까 새어머니랑 싸울 때가 참 힘들었어. 중학교 때는 너무 심하게 싸우고 그래서 내가 힘들었던 것 같아.

나   외부적인 환경이 힘드셨던 거예요 아님 직접적으로 말리시거나 그러는 게 힘드셨던 거예요?

셋째 할머니   수도 없어. 한번은 술 잡수고 뭐 농약 드신다 그러고 한 사람은 칼도 들고 이러니까 힘들었지 뭐. 그런 일이 있었고. 그리고 중학교 때는 어떻게 어떻게 울고불고해서 중학교를 갔어. 근데 중학교 때, 중학교는 짧으니까 3학년인데 이제 나오고 그만이겠다 싶었는데 생물 선생님이 당신 남편이 치과를 하

니까 거기서 알바를 해서 고등학교를 가라 했지. 그 치과 선생님이 고려대 교수였고, 밤에만 했어. 5시 반부터 시작하는 거기를 다니면서 돈을 벌어서 고등학교를 들어갔어. 고등학교를 또 들어가서 돈이 모자라니까 할아버지도 주셨고 큰언니도 한두 번 주셨고 작은언니도 주셨고 하셔서 간신히 3년을 마쳤어.

셋째 선희 할머니가 움켜쥐어 보여 주신 기억 한 줌.
어머니의 죽음이었다.

열 살 무렵의 아주 여리고 어린 기억을 주섬주섬 꺼내시며 보이셨던 아픈 표정. 그에겐 한참 전에 돌아가신 엄마의 죽음은 아직도 뾰족한 바늘처럼 남아 있었다. 셋째 할머니는 유독 인터뷰 중에 생전 친어머니의 기억을 자주 들려주시곤 했다. 후에도 기록할 테지만 어머니에게 받았던 선물과 함께했던 소소한 기쁨을 꼭 쥔 채 잊지 않으려 노력하시는 분이 선희 할머니이셨다. 가장 어릴 때의 기억을 떠올려 보라 하면 인간은 보통 좋은 쪽으로든 나쁜 쪽으로든 나에게 가장 큰 자극이 되었던 것을 떠올린다. 그게 긍정의 기억이면 추억, 부정의 기억이면 트라우마가 된다. 여기서 할머니는 아마 트라우마를 펼쳐 보여 주셨던 것 같다. 사거리에서 정신없이 뛰어갔던 얕은 나의 집. 유독 낮은 집에서 삶의 눈을 감으셨던 나의 엄마. 염할 때조차 믿고 싶지 않아 관에 못을 박는 어른들이 너무 밉고 보기 싫었다는 셋째 할머니 이야기를 들으며 나는 이상하게도 인생에 대한 애정과 지나간 것들에 대한 그리움, 그리고 끈질긴 삶의 의지를 엿보았다. 못을 박는 투박스런 손길들을 보며 할머니는 처음으로 죽음을 인정해야만 하는 상황을 맞닥뜨렸을 것이고, 더 사셨으면 하는 간절함에 몸서리치다 쓰러지셨을 것이다. 기댈 곳의 부재와 학업을 향한 욕구, 그러나 닥쳐온 빈곤과 둘째어머니를 향한 형제들의 갈등 속에서 할머니는 분명 아프셨을 것이다. 간절하고 아픈 시절을 인생의 가장 첫 번째의 기억으로 떠올리는 노인을 보며 난 아픈 청춘의 형상을 떠올렸다. 무심해야만 질기게 버텨낼 수 있던 지난날의 꿈들. 할머니는 이 어린 기억 속에서 아직도 여리고, 물렁하고, 익지 못한 과육과 같다. 억지로 자라야만 했던 늙은 청춘. 기억의 한 편을 들려주시는 할머니의 모습에서 난, 가는 선 위에서 아주 조심스럽게 한 걸음 내딛는 줄 타는 사람의 모습을 보았다. 나이가 들었다는 표현은 그만큼의 삶의 무게를 들기 때문인 줄 알았는데, 할머니의 서린 눈빛을 보니 삶이 어떻게든 살아가라고 무게를 들게끔 만든 것 같단 생각을 했다. 그런 의미에서 셋째 할머니의 유독 아픈 어깨가 삶의 무게 때문이지 않을까, 어리고 어리석은 청춘이 감히 예상해 본다.

 그렇게 셋째 할머니께서 내밀어 주신 한 줌의 기억은 이제 손바닥에서 흘러내려 과거의 기억 속으로 다시 내려갔다.

막내 할아버지, 이은승의 인터뷰

나　　그러면 가장 어렸을 때 기억이 언제 적이세요?

막내 할아버지　　진짜로 어렸을 적에? 가장 오래된 게 뭐냐면 나하고 너희 할머니하고 형제지만 엄마가 달라. 근데 할머니들의 엄마(3명의 할머니들의 친모)를 내가 엄청 좋아했어. 근데 내가 한 대여섯 살 때 돌아가셨을 거야.

나　　친정어머니가요?

막내 할아버지　　아니, 너희 할머니 엄마가. (또 다른 어머니)

나　　아, 아.

막내 할아버지　　그때 돌아가셨을 적에 내가 잠을 안 자고 며칠 밤을 거기 뭐야, 거기 상 차려 놓잖아. 돌아가시면. 거기서 며칠을 내가 자고 거기서 울고, 쭈그리고 앉아서 그랬을 거야. 그게 제일 기억이 생생해. 내가 큰엄마, 큰엄마- 하면서 따랐거든. 그때는 큰엄마, 작은엄마 이렇게 나누어 불렀어. 누나들 엄마는 큰엄마였고 우리 엄마는 작은엄마였지. 어쨌든 큰엄마- 하면서 엄청 좋아하고 따랐어. 그니까 가을에 돌아가셨걸랑. 보리가, 벼가 노릿노릿할 적에. 그게 기억이 지금까지도 안 없어지고 잊어먹지를 않아.

사람은 죽음을 기억한다.

정확히는 시간과 사람을 기억한다. 태초로 돌아가는 일은 어린 아이든 노인이든 무섭고 두렵다. 이 연안 이씨 형제들을 인터뷰하며 느낀 게 있다면 누군가에게나 찾아올 죽음을 이들은 의연하게 받아들이면서도 한편으론 먼저 돌아간 이들과의 추억 앞에서 다시 자신의 삶으로 돌아가기를 머뭇거린다는 것이었다. 이들은 생이 덧없다 얘기하기도 하며, 또 가끔은 파마약 냄새가 짙게 밴 채로 간 종친회나 계모임에서 어느 집 누가 얼마 전 죽었다며 한식 뷔페 음식을 아무렇지 않게 먹기도 한다. 그렇게 집으로 돌아와선 밤잠을 설치는 이들이 나의 나이 든 친구들이다. 예전에 그렇게 건강했던 이가 이번에 죽었댄다, 이런 얘기를 들은 그날은 새벽녘 안에서 자주 머뭇거린다. 죽음은 익숙해질 수 없는 것이고, 익숙해져선 안 된다는 걸 그들 역시 누구보다 잘 알고 있었다. 그 연세의 연륜과 삶의 혜안으로 죽음을 보았을 때, 죽음은 그저 돌아가는 것이 아닌 아쉽고, 아쉽고.... 마냥 슬픈 것이었다. 그래서 난 어머니의 죽음을 가장 첫 번째로 기억한다는 할아버지의 말씀을 듣고 셋째 할머니 인터뷰 때와는 또 다른 기분을 느꼈다. 그러셨구나. 어머니를 많이 사랑하셨구나. 이게 아니라 죽음을 향한 원초적인 인간의 모습을 바라보았다. 살짝 기온이 올라간 날씨에, 첫째 할머니 집의 마루에 앉아 둘이서만 인간 대 인간으로 이야기했던 시간. 할아버지는 믹스커피를 마시며 내 눈을 쳐다보지 못하셨다. 그저 모기장 너머로 보이는 마당의 들꽃을 바라보셨다. 나는 담담하게 얘기하는 그의 눈빛을 힐끔거리다 무엇인지 모르겠지만 반대로 또 무언가를 알겠다는 듯 쳐다보았다. 나 또한 사랑하는 이의 죽음을 받아들여야 했던 때가 아주 어렸을 적에 있었기 때문에. 할아버지처럼 엄마, 아빠의 부재를 받아들여야 했던 건 아니었지만 어쩌면 나에게 가장 첫 번째 어른이었던 외할아버지의 죽음은 10년이 넘은 지금도 적응이 되질 않는다. 사랑하는 사람 한 명의 죽음은 곧 내 주변 30명이 한꺼번에 사라지는 일과 같다는 말이 있지 않나. 그래서인지 나는 은승 할아버지의 그 어릴 적 충격과 번뜩이는 기억이 공감되었다. 나에게 처음 시계 보는 법을 알려주었던 사람도, 글자를 예쁘게 쓰는 방법을 알려주었던 사람도 모두 외할아버지이셨기 때문에 그 시절 나에게 큰 어른의 갑작스러운 부재는 지금까지도 가끔 가슴을 찡하게끔 만든다. 이제는 받아들이고 놓아드려야 한다는 걸 알면서도 내가 놓으면 할아버지의 기억이 혹여나 드문드문 사라질까 봐 은승 할아버지처럼 가끔씩 잊지 않으려 꺼내 보곤 한다. 이럴 때면 사람은 꼭 기억을 야금야금 곱씹어 먹으며 살아가는 생명 같다. 그리고 유독 마음이 아픈 날엔 기억으로만 나 자신을 유지할 때도 있는 것 같단 생각도 함께 했다. 한참 지난 쌉싸름한 시간을 음미하는 할아버지의 모습을 보며 나는 잠깐 어린 인간 둘의 목소리와 형상을 떠올렸다.

그 형상 속 시선 너머론 내 허리춤을 넘을까 말까 하는 어린 소년이 잠깐, 울고 있었다.

첫째 할머니, 이명희의 인터뷰

나 다른 분들에게도 여쭤봤던 거지만, 가장 어렸을 때의 기억이 뭐예요?

첫째 할머니 음…. 6.25 전 걸로 기억해야지?

나 그러셔도 되고요.

첫째 할머니 아주 쪼꼬매서 서울 청파동이라는 데 살았는데, 우리 엄마가 빠알간 자부동(방석의 일본말)을 하나 해 줬어. 그걸 가지고 옛날에는 서울 집들도 문지방이 있고 그 밑에 기어다니는 데가 있었어. 그 개구녕이라고 그랬어. 거기를 그걸 들고 항상 들고 다니고. 지금까지고 자부동을 까는 걸 좋아해 그 기억 때문에 그런 가봐. 그 자부동을 항상 봉기할 때도 그렇고 항상 가지고 다닌 기억이 나. 그거는 한참 예전 기억일 거야. 한 네다섯 살 때.

나 와 네다섯 살 때요?

첫째 할머니 응. 그리고 세푼이라는 남양주에 있는 시골 할아버지 친가로 갔어. 그 동네로. 이제 거기 시골로 해서 서울에 살 때는 아부지가 엄청 위한 것 같은데, 새로 온 엄마한테 작은엄마 소리 안 한다고 날 미워했어. 둘째 할머니는 작은엄마 소리를 하니까 예뻐하더라구.

나 그런 거구나…. 그니까 엄마 소리를 안 한다고?

첫째 할머니 응. 작은엄마 소리를 안 했거든. 그러니까 작은아부지가 없는데 왜 작은엄마라 그러냐고 싫다 그랬어. 끝까지 안 하니까 난 미워하더라고. 그리고 가장 마음 아팠던 게 그때는 우리 아버지가 돈 엄청 잘 벌을 땐데, 사춘(사촌) 언니가 중학교를 갔는데 그 언니 용돈은 대 주면서 나 중학교 갈 학비를 안 대 줬어. 언니는 학비를 대 주면서 친딸인 나한텐 배워서 뭐하냐고 그러면서 중학교 갈 학비를 안 대 줬어.
6.25 때 기억은.... 우리 엄마가 아파서 피난을 둘째 동생하고 나하고 우리 엄마하고 우리 할머니를 두고서 다 피난을 갔어. 할머니는 너무 노인네라서 못 가고 우리는 어린데 엄마가 아파서 못 가구. 그래서 인제, 방공호에서 지내는데 큰집인가? 불이 났어. 우리 할머니가 막 족보가 탄다고 그걸 꺼내러 간대. 내가 막 쫓아갔는데 할머니 치마에 불이 붙어서, 그게 내가 막 옛날에 이렇게 둘러매는 치마였거든. 그니까 그걸 풀어야 불이 꺼질 텐데 그러지 못한 거야.
애들이 소리 지르니까 당황해서 못했는지 치마를 잡아끌다가 얼굴에 튀었어. 다. 그래 가지고선 화상을 입었는데, 우리 엄마가 계란을, 그니까 6.25 때도 닭 길렀으니까 계란은 있었겠지? 그니까 계란을 붙여 줬다 떼고, 붙여 줬다 떼고.... 피가 나오고 그러니까 익은 살이 다 떨어져 가지고 화상 흔적은 없더라구. 가장 고생한 게 그거였었어. 그니까 이제 큰집에 족보 가지러 가시는 거 치마에 불 끄다가 그랬던 거가 이제 큰 상처였지.

첫째 할머니의 기억 한 줌은 생각보다 어마어마했다. 아픈 기억도 많지만 기본적으로 모든 기억들을 차곡차곡 펼칠 줄 아시는 분이셨다. 시대의 아픔을 가장 잘 아시는 분, 그리고 가장 아파하셨던 분. 그때 그 시절, 수많은 형제들 중 맏이였고 딸이었던 사람. 그래서 동생들보다 더 굵은 머리로 많은 것들을 먼저 이해해야 했음에 마음이 고단했을 사람. 그럼에도 어머니가 해 주신 빨간 방석이 좋아 그 기억으로 아직도 방석 깔기를 좋아하는... 어린 노인. 시간이 차도 유독 줄어들지 않는 기억이 있다. 시간이 차도 유독 아픈 기억도 있다. 그 기억 속에 사시는 분이 우리의 첫째 할머니, 이명희 할머니이셨다. 할머니는 6.25 전쟁 시절 얘기를 하시며 자신의 할머니를 구하러 뛰어들었다 몸에 옮겨 붙었던 불을 기억하셨다. 그 새빨갛고 뜨거운 기억은 아직도 할머니에겐 큰 상처. 몸에 생채기가 나는 것만이 상처가 아니듯이 그 시절, 너무 놀라 데였던 건 할머니의 얼굴뿐만이 아니었다. 가슴도, 이 마음도 함께 데였던 것 같다.

할머니 할아버지의 가장 어린 기억 한 줌을 부탁했던 나는 첫째 할머니의 기억 인터뷰를 마지막으로 인간의 가장 오래된 기억은 무척이나 찬란했거나, 너무나 아팠어야 그 잔상이 쿡 박힌다는 것을 발견했다. 말짱히 지어지던 집이 폭삭 무너지고, 사랑하던 어머니를 어린 나이에 여의고, 살아생전 어머니가 만들어 주셨던 빨간 자부동 때문에 여태까지 방석 깔기를 좋아한다는 기억. 그 기억들은 아프기도 무척 아프지만, 한 인간의 삶의 기록에서 유독 섬세히 반짝인다. 태초의 자연으로 돌아갔어도 기억을 통해 이 지구에서 여전히 사는 사람들이 있다. 기억으로 사는 산 사람들과 누군가에 의해 기억되어 여전히 마음속에서 살아 있는 사람들. 나는 할머니, 할아버지의 아픈 기억을 어둡게만 보지 않는다. 기억하면 아프고, 그 흉터의 잔상으로 삶에 때론 소나기가 들이닥칠지는 몰라도 기억엔 양면성이 있기 때문에 아팠던 기억과 함께 이어지는, 그럼에도 좋았던 기억들로 사람은 살 수 있는 거라 생각한다.

그런 의미로 내가 사랑하는 나의 늙은 친구들은 멋진 삶의 기록사들이다.

2. 당신의 기억 속 빛과 어둠

기억은 다시 찾고픈 행복과 애써 지우고픈 불행으로 나뉜다.

둘째 할머니, 이녹희의 인터뷰

나 인생 전반을 통틀어서 가장 행복했거나, 가장 불행했던 기억을 말씀해 주시면 돼요.

둘째 할머니 가장 행복했을 때?

나 네.

둘째 할머니 할머니가 막 장사하다가 건물을 지었을 때.

나 그게 언제였어요?

둘째 할머니 그게... 75년, 엄마 낳고 나서, 30대 넘었을 때야. 옷 장사하고 인삼 찻집을 했어.

나 그럼 가장 힘들었던 기억은 언제예요?

둘째 할머니 재산 다 탕진했을 때.

나 그때가 90년도 때였나?

둘째 할머니 응, 재산을 탕진하자마자 남편이 아팠으니까.

나 그럼 할머니는 가장 행복했던 기억이랑 불행했던 기억 중에 뭐가 더 기억에 남아요?

둘째 할머니 불행했던 기억.

나　　왜요?

둘째 할머니　　그냥.... 그런 기억은 생각만 해도 억울하고 분하고 후회스럽지.

앞서 전했듯이 인간의 가장 어린 기억은 가장 컸을 때의 인간을 구성한다. 그것도 아주 큰 영향으로. 그리고 추억의 또 다른 말인 '기억'이라는 추상은 두 가지로 나뉘기도 한다. 아주 간직하고 싶은 것과 애써 버리고 싶은 것. 행복했던 기억과 불행했던 기억으로 말이다. 그런 의미에서 둘째, 녹희 할머니의 기억들은 흑과 백처럼 명확했다. 인생의 황금기를 가졌던 당신의 진정한 청춘기. 그 부귀영화 속에서 할머니는 재산을 모으고 쌓아 올리고 그것으로 과시해 보는 삶을 살아보기도 했다가 와르르 무너지는 인생의 산사태를 경험하기도 하셨다. 왜 불행과 고난은 한번 쏟아지기 시작하면 기다렸다는 듯이 한 번에 찾아올까. 엄마를 낳고 건물을 사고- 재산을 탕진하고 남편의 암이 발병하고. 행복의 연속보다 불행한 일들의 연속이 더 크게 느껴지는 게 인생이라는 산의 속성인 듯싶다. 아무래도 삶의 고도가 높아지면 한 걸음 한 걸음 올라가는 것조차 힘드니까. 굴러 떨어진 곳에서 다시 일어나 올라가는 일은 맥 빠지는 일이긴 하다.

그러나 할머니의 이야기가 여기서 끝이 났다면 나는 이런 제목의 글을 쓰지 않았을 것이고 질문조차 하지 않았을 것이다. 난 여기서 둘째 할머니에게 어울리는 말로 **'그럼에도 불구하고-'**를 꼽고 싶다. 그럼에도 불구하고 엄마와 삼촌을 멋지게 키우셨고 할아버지의 간병을 해내셨고, 손주들을 돌보셨고, 그럼에도 불구하고 살아내셨다. 비록 과거에 화려하게 쌓아 올렸던 건물들은 창공 속으로 사라진 라퓨타가 되었지만 나는 그로 인해 할머니의 마음에 수많은 멋진 건물들이 쌓였다고 생각한다. 그것도 볕이 아주 잘 드는 자식이란 건물, 아늑한 형제들이란 건물, 그럼에도 불구하고 이겨낸 '이녹희'라는 건물. 할머니의 답변은 '행복과 불행 중 불행했던 일이 더 기억에 남는다.'였지만 나는 안다, 안정이란 기쁨 속 불행은 마치 행복이란 도시의 랜드마크처럼 보인다는 것을. 유독 주위에 널린 사소한 행복보다 한 주먹의 불행이 더 눈에 띈다는 것을. 그래서일까. 자신의 불행했던 과거를 얘기하시는 할머니의 입술은 평소보다 유독 두툼하고 촉촉해 보였다.

셋째 할머니, 이선희의 인터뷰

나   제가 오늘 여쭤볼 건 십대 때 기억들, 유년 시절의 기억들이거든요. 가장 행복했을 때나 혹은 불행했을 때의 기억들이요.

셋째 할머니   엄마 기억이 나네. 엄마는 그때 당시에 나보다도 아들이 최고였지. 그래 가지고 아들 가르치려고 그 학교 선생들 밥을 해 주러 가셨어. 나는 둘째 언니랑 살고 있었어. 근데 인제 엄마가 보고 싶어서 주말에 학교 기숙사에 가면 그 총각 선생님들 밥 해 주고 계셨어 항상. 지금도 기억나는 게, 얼마나 좋아 그 광릉 수목원 개울에. 거기 엄마랑 쫓아가서 뭐 빨래하는데 그걸 어떤 선생님한테 부탁해서 나한테 딱 맞게 편물, 그러니까 주황색 티샤츠를 떠 주신 거야. 그때 당시에 나이롱이 처음 나와가지고 해지지도 않는다고. 그래갖고 주황색 그거 입고 개울에 가서 찔레 따고, 산딸기 따고 그랬어. 그때 그렇게 산딸기가 많더라고 수목원 개울가에.
…그런 거, 그때가 기분이 제일 좋았었어.

나   엄마와 행복했던 기억이 먼저 떠오르시는구나.

셋째 할머니   응, 엄마 만나서 좋고 엄마가 나를 위해서 선생님 사모님한테 편물해 달라고 해 가지고 나한테 맞춤으로 해 주신 거, 그게 좋았어. 그리고 그 무렵에 기억나는 게 큰언니네 집에 갔었어. 검단에 있는 데야. 그때는 또 지지미가 처음 유행이었는데 큰언니가 스탠 칼라 이렇게 라운드로 된 소매 나시 블라우스를 사 주셨더라고. 파란색 플라스틱 쓰레빠도. 그게 너무 좋은 거야. 그걸 입고 좋아했던 기억이 나. 큰집 식구들이 앞을 못 보는 언니들인지 여자들이 있더라고. 그 애들이랑 놀았던 기억도 나고 그래.

나   그러면, 지금 생각해 보면 가장 후회나 아팠던 기억으로 남는 일은 있으실까요?

셋째 할머니   후회로 남는 거? 대학 못 간 게 제일 후회로 남지.

나   그러면 고등학교 졸업하시고 나셔서 어떻게 하셨어요? 대학은 안 가시고.

셋째 할머니   대학을 가고 싶었는데 엄두도 못 냈지. 그래 가지고 그때 당시 논노뿅뿅 외에는 메이커가 없었어. 그러다가 준 메이커로 톰보이가 생겼는데 거기가 맨투맨 팔던 데거든. 톰보이 들어가서 거기서 인정받고 그때 당시 뭐 품평회 같은 거 할 때 옷도 입어보고 옷 가격 결정할 때 입어 보고 그랬던 것 같아. 결혼 전에는 그렇게 했고. 톰보이 그만두고 지하상가에서 내가 직접 운영을 했고. 톰보이에다가 가죽 바지 납품 그런 거 했고. 그니까 후회되는 건 그때 쪼끔 1~2년 벌어서라도 더 공부를 해서 대학을 마쳤으면 좋지 않았을까 생각이 드는데.

나   그게 가장 아쉬움으로?

셋째 할머니   응 응.

나   그럼 또 떠오르시는, 인생에서 자랑스럽거나 기뻤던 기억은 있으세요?

셋째 할머니   글쎄, 가장 기쁜 순간. 록현이 태어났을 때도 가장 기뻤어. 10년 만에 태어났잖아. 그것도 시험관 아기로. 그것도 그때 처음

할 땐데. 자고 나면 옆에 애가 있는 게 너무 신기한 거야. 애기가 없다가. 그리고 30~40대가 제일 행복했던 것 같아. 그때는 안정적이었지. 경제적 여유도 좀 있고 애기도 자라는 모습이 예쁘고 하고 싶은 대로 다 해 주고 가르치고 싶은 거 다 가르치고. 희망이 많았지 그때는.

셋째 선희 할머니의 가장 오래된 행복한 기억은 '엄마'였다.

비록 그의 엄마는 아들을 가르치기 위해 학교에 가서 선생님들 밥을 해 주셨지만, 그 서러움보다도 어머니가 자신을 위해 짜 주셨던 주황색 티셔츠, 손때 묻은 편물을 선희 할머니는 더 소중한 기억으로 간직하셨다. 엄마와 함께 광릉 숲 속을 뛰어다니며 따 먹었던 산딸기 같은 것, 그리고 잔뜩 몸을 피워대던 찔레꽃 같은 것. 누군가는 사소하다고 생각할 수 있는 그런 사소한 것들이 할머니에겐 평생이 되었다. 기억은 이렇게 찰나를 아주 길게 뽑아내어 숙성시키고 잘 익은 추억으로 맺히게 만든다. 잘 해지지도 않고 변하지도 않는다던 그 나이롱 티셔츠를 할머니는 아직도 마음으로 입고 계셨다. 마음이 낡지 않으니 반평생 훌쩍 넘은 그 티셔츠도 늙지 않는다.

셋째 할머니는 유독 사물로 행복을 기억하고 계셨다.

어머니의 나이롱 주황 티셔츠, 큰언니가 선물해 주었던 파란 플라스틱 슬리퍼. 그리고 그걸 입고 신으며 입꼬리도 맑게 개었던 마음의 나날들. 얼마나 가족들의 사랑이 좋았고 고팠는지 알 것 같아 괜히 마음도 눈가도

축축해졌다. 유난히 나 자신이 좋았고 자랑스럽고, 기뻤던 나날로 첫째 딸을 낳았던 시절을 꼽은 것도 자식에게만큼은 자신이 받았던 사랑을 돌려주고 싶고, 조금은 부족했던 사랑은 그럴 일 없게 충족시켜 주고 싶은 마음이었을 거라 생각한다. 사실 이것은 나에겐 모르는 영역이다. 하지만 이것만큼은 느껴진다. 할머니는 이 형제들 중 누구보다 어머니의 사랑이 그리울 사람이라는 것을. 그렇기에 누구보다 자신의 자식들에게 열렬한 사랑을 주고 싶으셨을 것이라는 걸.

또, 나의 생각보다 할머니는 꿈이 많은 사람이었다는 걸 알게 되었다. 누구에게나 꿈이라는 건 존재한다. 때론 비밀스럽게 말이다. 나는 인터뷰를 하며 꿈에 대해서 말씀하셨던 분들을 거의 보지 못했는데 그것은 부끄러움과 이미 지나가버린 것을 다시 말할 필요는 없는 것 같다며 손사래 칠 정도로 덧없게 생각하시는 것에서 비롯된 현상이라 보았다. 그러나 선희 할머니는 그 아쉬움을 담담하게 넓은 피륙으로 펼쳐 보이셨다. 굴려서 펼쳐 보면 그 아쉬움이 세상을 뒤덮을 만한. 그런 정도. 이루지 못한 것에 대한 후회와 아쉬움을 산으로 쌓아 놓고, 그 너머를 바라보는 눈빛의 아련한 시선을 나는 잊을 수가 없다.

그래서 나는 기억에 대한 인터뷰 끝머리에 곰곰이 떠올려 보았다.
주황색 나이롱 티셔츠를 입고 파란 슬리퍼를 신고.... 지난 생의 후회와 아쉬움이란 산을 바라보는 선희 할머니의 모습을.

막내 할아버지, 이은승의 인터뷰

나   인생에서 가장 기뻤을 때는 언제셨어요?

막내 할아버지   가장 기뻤을 때? 난 그렇게 아주 좋다는 걸 못 느낀 것 같아. 그냥 좋은 건 좋은 거구나 그러고 말았던 거지. 그냥 좋다고 이렇게 한 게 없었어. 크게 아주 그렇게 기쁘고.... 그니까 또 좋은 일도 없었어. 사실은. 자 봐 봐라. 그 아줌마 그니까 할아버지 (전)부인 죽었잖아, 돌아가셨잖아. 일찍 죽었잖아. 그니까 뭐 기쁜 게 없지. 좋을 게 없잖아. 그렇다고 해서 내가 크게 성사시켜서 건물을 하나 샀다든가, 아파트를 하나 샀다든가 이런 것도 없잖아. 그니까 기쁨이라는 걸 썩 느낄 수 있는 일을 해 놓은 게 없어 내가. 그니까 없는 거야. 기쁨을, 느낄 줄도 모르는 거야.

나   그렇다면.... 가장 슬펐을 때는 언제셨어요?

막내 할아버지   아버지 돌아가셨을 적에 서울에서 직장을 다니고 있었는데 그것도 사장한테 연락이 온 거는 점심 때 연락이 온 거야. 근데 이놈이 저녁 때 가르쳐 준 거야. 할아버지가 위독하시다고, 그래서 일을 하다 말고 왔어. 집에. 대문에 딱 들어서니까 막 집 안에서 통곡을 하는 거야. 막 돌아가셨으니까. 내가 한 발자국 들어가면서 그때 눈물을 떨군 거야. 그래서 내가 들어가지를 못하고 바깥에서 그렇게 울었어. 할아버지 돌아가실 때. 그게 아마 제일 슬펐을 거야. 그리고 또, 내 친어머니가 돌아가셨을 때도 그렇게 많이 울었어. 더 슬프게 운 게, 그때 돌아가실 때 약을 드시고 돌아가셨어. 우리 엄마가. 고 며칠 전에 전화가 와 가지고 '애기야 미안하다, 애기야 미안하다...' 이러시더라고. 난 그 뜻을 몰랐지. 이유를 몰랐던 거지. 아 왜 뭐가 미안해요. 내가 잘해 드린 것도 없고, 이랬는데 내가 미안하다, 미안하다 그러시더라고. 그리고 이틀인가 삼 일 있다 돌아가신 거야. 그러니까 자기는 마음을 먹은 거지. 너도 알겠지만 이제 나보다 형님이 또 계셔. 알지. 또 내 밑에도 있고. 근데 그때 어머니가 나하고 산다 했어. 근데 그때 내가 우리 집사람이 죽었잖아. 그래서 나하고 못 산 거지. 그렇게 떨어지게 된 거고, 결국 막내랑 살면서 나한테 전화가 온 거지. 그 소리 듣고 나서 이틀인가 삼 일 뒤에 돌아가신 거야. 그때 눈물이 안 날 정도로 서글펐어. 미안하고.

나 그러셨구나.

막내 할아버지 하여튼. 내가 어떻게 보면 인생에 다른 면에선 돈 벌 기회는 있었는데 욕심이 없어서 돈을 못 번 거야. 큰 욕심. 돈은 남보다 잘 벌었다고 생각해 나는. 내 친구들에 비해서. 근데 좀 허황되게 돈을 쓰고 좀 아낄 줄을 모르고 헤프게 쓴 거지. 그렇게 살았어. 근데, 후회는 없어. (웃음)

인터뷰를 하는 내내 이상하게 한쪽 다리가 삐끗거리는 목재 의자가 떠올랐던 막내 할아버지. 물어본 기쁨은 모호함과 어색함으로 돌아왔고, 그

다음 물어본 슬픔은 후회와 마치 건조한 장마로 돌아왔다. 휘몰아치는 폭풍 같지만 쏟아지지 못하고 무너질 수 있을 때 무너지지 못했던 그때의 슬픔과 후회들이 아득한 눈빛에서 보였달까. 사랑했던 배우자의 죽음과 아무것도 이루지 못하고 삶을 살았다 생각하는 인생의 후회스러움. 할아버지의 이야기는 삐긋댔고 어긋나는 것들이 많았다. 기쁜 이야기에서도 느껴졌던 건조한 슬픔. 슬픈 이야기에선 더 건조하게 느껴졌던 무거운 슬픔. 구슬픈 이야기들이었다. 친어머니와의 마지막 통화 속에서 들었던 '아가'라는 호칭은 앞으로의 생애 속에서, 어머니의 애달프고도 사랑 가득한 최후의 부름이었으리라 생각한다. 자신의 어머니가 스스로 택했던 생의 마감을 은승 할아버지는 죄책감으로 기억하시는 듯했다. 어머니를 떠나보내기 전날 했던 마지막 통화 내용까지 기억하시는 걸 보면서 나는 할아버지께 한 가지 바람을 가져보았다.

부디 이 모든 이야기들에게서 삶의 카르마를 느끼지 않으시길.

자신의 업이다, 삶에서 저질렀던 선악에 의해 자신이 짊어질 수밖에 없는 숙명과 같은 일이다. 이런 생각은 혹여라도 하지 않으시길 바랐다. 내가 관찰했던 인간상 중 과하다 싶을 정도로 자신의 삶을 운명에 맡기는 경우, 선한 일이 일어났을 땐 운이라 생각하고 악한 일이 일어났을 땐 그것을 자신이 저지른 업에 따른 결과라 생각하는 이들이 많았다. 잘한 건 운의 덕, 못한 건 나의 탓. 그런데 그렇게 삶을 살아가는 건 즐겁고 행복하려고 태어난 나 자신에게 너무나 가혹한 일 아니겠는가. 할아버지와의 대화에선 무언의 잠재되어 있는 죄책감이 느껴졌기 때문에 할아버지를 사랑하고 존경하는 어린 나는 부디 은승 할아버지가 그 카르마에서 조금이라도 벗어나시길 바랐다. 그 카르마는 그 누구도 할아버지에게 바라지 않는 것임이 분명하기에.

그리고 인터뷰를 하는 동안 느껴졌던 그의 모든 이야기에서 나는 최선의 인내를 보았다. 울지 않으려 하는, 슬퍼지고 함부로 애틋해지지 않으려 하는 인내를 말이다. 끝없던 외로움과 고달픔과 어쩌면 안정과 사랑을 향한 갈망은 내가 함부로 측정할 수도, 해서도 안 됐다. 잃어 본 적도, 잃고 싶지도 않은 것들의 이야기 속에서 나는 어떻게 들어야 할지 모르겠단 느낌을 자주 받았다. 함부로 아플 수 없었다. 부인의 죽음과 어머니의 자살. 자신이 사랑했던 여인들의 죽음. 그걸 듣고 아프셨겠네요. 힘드셨겠어요. 이런 말도 안 나왔다. 그저 '...이야기 잘 들었습니다.'로 끝났을 뿐. 그래서 할아버지와의 기억에 관한 대화에선 내내 건조한 바람이 불어왔다.

바스락거리는 흙이... 뺨을 스쳐 지나갔다.

첫째 할머니, 이명희의 인터뷰

나   살면서 희로애락이 있잖아요. 뭔가 살면서 가장 기쁘셨던 때는 언제셨어요?

첫째 할머니   가장 기뻤을 때? 음, 첫 땅 샀을 때! 그리고 난 애기 낳는 게 행복하지 않았었어. 넉넉지 않은 살림에서 힘들게 낳았으니까 그건 몰랐고. 큰아이 입학했을 때! 초등학교 입학했을 때. 그 이후부터는 계속 뭐 좋은 일이 특별히 많지는 않았지? 특별히 나쁜 것도 없었고. 아들딸들 상 타서 가지고 오면 기쁘고.... 그랬어. 평범한 거지.

나   가장 후회스러운 것도 있으세요?

첫째 할머니   가장 후회스러운 거 엄청 많은데.... 간추릴 게 뭐가 있을까. 난 똑똑하지는 못했다 생각하거든. 근데 그건 내 힘으로 될 수 없는 거니까. 그지? 머리가 좋았으면 참 좋았을 텐데, 용기 없었던 것도 후회스럽다.

나   음, 어떨 때 용기 없으셨는데요?

첫째 할머니   뭐를 하나 계획 세웠던 걸 못했어. 남편이나 주변 사람이 허지 말라 그러면 그만뒀어. 그니까 내 뜻대로 끝까지 밀고 나가지 못한 거. 그래, 그게 가장 후회스러울 거야.

첫째 할머니는 인간으로서 갖게 되는 부에 대한 욕심을 인터뷰하는 동안 여실히 드러내셨다. 나는 솔직히 언제 가장 행복하셨냐는 물음을 인터뷰의 주된 질문으로 선정할 때 많은 고민을 거쳤었다. 너무 뻔한 질문이 아닌가 싶어서. 왜인지는 모르겠지만 내 생각엔 가장 행복했던 기억으로 자식을 낳은 기억을 꼽으실 것 같았다. 그런데 내 예상을 빗나가는 답변들이 돌아올 때마다 나는 또 왠지 모를 안도감이 들었다. 당연히 피가 섞인 자식들의 탄생이 기쁘셨을 테지만 그게 전부만은 아니었던 것 같아서. 자기 자신이 이룬 성취들에 집중하시고 온전히 기뻐하신 것 같아서. 그게 그렇게 날 안도하게 만들었다. 형편에 대한 걱정으로 아이의 탄생을 편안한 기쁨으로 보내지 못했을 할머니는 자신의 돈으로 첫 번째 땅을 샀을 때 비로소 안심하셨을 것이다. 이 땅에서 무엇이든지 벌이고 돈 만들어 가족을 위해 무언가를 할 수 있을 것이라고. 그랬기에 아이가 학교에 처음 입학했을 때 더욱 기쁘셨을 거라 생각한다.

두 번째 질문에서 첫째 할머니의 기억 속 후회나 불행은 내 뜻대로 행동하고 실행시키지 못했던 것이었다. 자존심이 무척이나 세고, 첫 자기소개 때도 자신을 억척 할머니라 소개했던 이의 후회가 자기 마음대로 살지 못했다는 것이라는 게 생각 외의 이야기였지만 오히려 그런 점이 인간의 가장 인간다움을 보여주는 대목 같아 좋았다. 인간은 생각보다 많은 경우의 수에 따라 자신이 본래 생각했던 의도나 목적을 벗어나 목표를 세우고 행한다. 그게 온전히 자신만을 생각하며 실행하는 것이 아닐지라도, 그게 나만을 위한 게 아닐지라도. 당신이 사랑하는 사람, 아끼는 사랑에 따라서 자신을 헌신하고 희생해서라도 그들을 위한 목표를 이루어간다. 그게 자신을 위한 길이라고도 생각하며 말이다. 그러나 우리는 생각해 볼 필요가 있다. 희생과 헌신이라는 단어에 '나 자신'은 정녕 지워야만 하는 것인지.

시간이 지나 후회로 남을 것이라면 나 자신을 다 바쳐서 하는 인내와 노력은 정녕 최선에 가까울까? 그저 존재하는 것보다 실패하더라도 움직이는 주체적인 자아가 되는 것이 더 나을지도 모른다는 생각이 들었다. 그게 첫째 할머니의 후회이자 곧 우리를 향한 조언 같았기 때문에.

 후회스러운 기억에 대한 대화를 하며 억척 할머니가 몇십 년 전 돌파하지 못한 벽을 우리 둘은 부드러운 손길로 문질러댔다. 괜찮다. 그래도 수고 많았다- 하며.

3장

'사랑을 나눠 주며
사는 게 꿈이야'

이야기를 들으며 꿈이란 건 미래를 만드는 게 아니라 현실을 만드는 것이 아닐까 생각했다. 그들은 이제 와서 꿈이 뭐가 있겠냐 하셨지만 표정에선 여전히 꿈꾸는 돈키호테의 고뇌가 드러났다.

둘째 할머니, 이녹희의 인터뷰

나   과거에 꿨던 꿈과 현재에 꿨던 꿈에 대해 여쭤볼 건데요. 할머니는 과거에 어떤 꿈을 꿨고 무엇이 되고 싶으셨어요?

둘째 할머니   꿈이라면 어떤 거?

나   잘 때 꾸는 꿈 말고 무엇이 되고 싶거나 하고 싶다 하는 것이요.

둘째 할머니   공부를 해서 의사가 되고 싶었어.

나   왜일까요?

둘째 할머니   그렇게 아픈 사람들을 고쳐주고 싶었어. 지금도 아픈 사람 보면 그래. 할머니가 아는 기술로 마사지해 주고 이래서 조금 나아지는 걸 보면 약간 뭐랄까, 우월감이 생기는 것 같아.

나   내가 이렇게 고쳐줬다 나아졌다 이런 생각이 드시는구나.

둘째 할머니   응 그렇지. 맥을 봐서 병명을 알아맞힌 적도 있었거든.

나   그런 건 어디서 배우셨어요?

둘째 할머니   옛날에 금곡리에서 아버지가 양방이랑 한방을 다 하시는 의사이셨어. 그래서 아버지 따라 다니면서 주사 놓는 법 이런 걸 배웠지. 약국에 대신 약 사러 다니기도 하고.

나   그게 언제쯤이에요?

둘째 할머니   내가.... 열다섯, 열여섯일 때였을 거야. 아버지가 유능하셨어. 말 못하는 사람도 고치고, 앞 못 보는 사람도 고치고. 처음엔 양방만 하시다가 나중에 침놓는 것도 배우시더라고.

나   그러셨구나. 그러면 과거의 꿈은 의사가 되는 것이었고. 현재의 꿈은 어

	떻게 되세요?
둘째 할머니	지금 꿈? 지금 무슨 꿈이 있어.
나	꿈이 있을 수도 있죠. 되고 싶은 직업이 아니더라도.
둘째 할머니	음, 돈이 많아서 이 사람 저 사람 사 주고 싶은 마음밖에 없어. 나눠 주고 싶은 마음. 다른 건 없어.
나	이유가 있을까요?
둘째 할머니	그것도 우월감이라고 해야 하나.... 하나의 욕심인 것 같아. 나눠 주면서 사람들이 기뻐하는 걸 보고 싶어.

 인터뷰를 준비하며 가장 늦게 떠오른 생각이 '꿈'에 관한 물음이었다.
 나는 왜 이들의 꿈을 궁금해하지 않았을까. 지혜롭게 나이든 사람들에게도 꿈이 있었고, 있다는 걸 왜 생각하지 못했을까? 꿈에 관한 질문을 뒤늦게 다듬으면서 많은 생각들이 들었던 것 같다. 그렇기에 꿈에 대한 질문을 굳이 두 가지로 나누었던 것도 있다. 과거와 현재로. 예컨대 이미 지난 날의 꿈을 묻고 답하는 것은 쉬우나 시간이 많이 지난 지금, 노인의 입장에서 꿈을 어떻게 바라보고 생각할지, 그리고 꿈이 있다면 어떻게 말씀하실지에 대해선 많은 사람들이 꽤나 획일화된 생각을 보여 줄 것이라 생각한다.
 그렇기에 둘째 녹희 할머니의 꿈에 대한 사랑은 인터뷰를 하는 내내 흥미로웠다. 언제나 재잘재잘 사랑을 노래했던 녹희 할머니의 꿈은 자신이 먼저 사랑과 노력을 베풀어 언젠가 남에게 또 다시 사랑과 감사를 되돌려 받는 것이었기 때문이다. 아프고 삶이 고단한 자를 사랑어린 관심으로 돌봐주고 그 과정 안에서 자기 자신도 치유받는 사람, 바로 녹희 할머니가 그러셨다. 이루지 못한 과거를 한탄스럽게 여기고 안타까움으로 외면하고 싶어 하는 것이 아닌 그때 이루지 못한 것은 그때의 아쉬움일 뿐. 옛날 동화책에서 우리가 마치 선녀나 공주가 되고 싶었던 것처럼 할머니가 들려주시는 과거의 꿈 이야기는 정말 멀어서 아득하게 보이는 희망 같았다.

 어릴 적부터, 그리고 지금도 가끔 내가 아파 골골거릴 때면 할머니는 조용히 들어오셔서 맥을 짚어주시곤 하는데 나는 그때마다 우리 할머니는 왜 맥을 짚으시지, 못 짚으실 텐데 배우지 않으셨을 테니까. 이런 어린 생각들로 할머니께 툴툴거렸던 게 생각난다. 이제 와선 그런 생각들이 정말 어리석었고, 지난 할머니의 시간들을 궁금해하지 않았던 것에 스스로 괘씸함마저 든다. 할머니는 처음부터, 날 때부터 나의 할머니였을 거란 무언의 단념 같은 것들이 이번 꿈 인터뷰를 통해 깨져 버렸다. 그리고 현재의 꿈을 여쭤보면서 나는 괜스레 안도의 미소를 지었다. '다행이다. 이제 와 무슨 꿈이냐 하셔도 마음 한편에 품고 계시구나.' 이런 생각들로 들으면서 여전히 사람들의 사랑에 욕심을 내시고 아직도 관심을 주고받는 걸 원하시는 모습이 인간의 태초적인 본능 같아 할머니가 마치 젊은 청춘처럼 느껴졌다. 그래서 내가 여태 할머니를 볼 때마다 '청춘'이라는 단어를 떠올리나 보다.

셋째 할머니, 이선희의 인터뷰

나   살면서 우리가 꿈이라는 걸 꾸잖아요. 자면서 꾸는 꿈 말고 무엇이 되고 싶다, 하고 싶다는 꿈. 과거에 할머니는 어떤 꿈을 꾸셨어요?

셋째 할머니   어려서는 모르니까, 뭐가 뭔지 모르니까 무턱대고 스튜디어스가 되고 싶다고 그랬었어.

나   왜 스튜디어스가 되고 싶으셨어요?

셋째 할머니   어렸을 땐 그렇게 멋있어 보이더라고. 외국 나가고 이러는 게. 근데 크면서 아닌 것 같다 싶어서 접었지.

나   그러면 현재에 꾸는 꿈은 어떤 게 있으실까요?

셋째 할머니   이젠 나이가 들어서.... 뭘 할 수 있을까?

나   그럼요. 할 수 있으세요.

셋째 할머니   그럼, 나의 지금 현재 꿈은 제빵 공장을 하고 싶어. 지금 기술을 배우고 있으니까 그런 공장을 넓은 곳에 세워서 멋있게 하고 싶어. 돈을 많이 벌고 싶단 욕심보다도 그냥 넓은 곳에 가서 그런 거 하면 얼마나 좋을까 하는 생각이야.

셋째 선희 이모할머니의 꿈은 세상을 여행하는 것이었다. 사랑을 주고받는 것에 열성을 다하고 싶었던 둘째 할머니와는 달랐다. 우리나라를 벗어나 삶을 자유로이 비행하고 싶었던 선희 할머니의 과거의 꿈은 스튜어디스, 그리고 현재의 꿈은 제빵 공장.

어릴 적부터 내가 봐 온 할머니의 모습은 외국에서 항상 잔뜩 희한한 물건들을 만물상처럼 선물해 주시는 분이었다. 결혼을 하시고 남편의 사업으로 캄보디아에서 정착해 오랜 기간 타국에서 삶을 이어온 셋째 할머니는 나에게 있어 언제나 세계의 희한한 보물만 가져다주시는 반가운 손님이셨다. 그렇기에 할머니의 과거 꿈을 듣고 나는 고개를 끄덕였다. 과거의 꿈이었고 그 꿈이 아니다 싶어 도전하지 않으셨다고 하셨지만 아직도 다양하고도 이 넓은 세계를 여행하고픈 할머니의 마음이 그려졌다. 그리고 그 마음은 현재 꿈에 대한 이야기 속에서 여실히 드러났다.

셋째 선희 할머니는 현재 꿈이 무엇이냐는 물음에 꿈이 지금 와서 무엇이 있겠냐 하셨지만 나는 그것이 자신의 꿈을 타인에게 말하기 낯간지럽기에 하시는 말씀이란 걸 알았다. 보통 사람들은 자신의 꿈을 이렇다고 당당하게 타인에게 말하기 꺼려하니까. 그것도 점점 나이가 들수록 말이다. 실제로 셋째 선희 할머니는 몇 년째 제빵 기술을 배우셔서 일을 다니고 계셨다. 친척들끼리 모이는 자리가 있으면 항상 직접 구운 쿠키와 빵을 포장해 오셨던 선희 할머니. 나는 그녀의 빵을 먹으며 생각하곤 했다. 어쩌면 내가 먹고 있는 건 지금, 할머니의 새로운 꿈일 것이라고. 그래서 망설이시다가 제빵 공장을 열고 싶다는 할머니의 이야기에 환하게 웃었다. 꿈은 누가 들어주지 않아도, 관심 가져 주지 않아도 자꾸 얘기하면 할수록 힘이 생긴다. 그 힘과 추진력을 할머니는 이번 기회로 다시 한번 얻으셨을 거라 생각한다. 속으로만 생각했던 나만의 꿈, 나이와 세월로 인해 망설여졌던 나의 꿈이 어쩌면 세상 밖으로 피어날 수 있을 것 같다는 자신감을 얻으셨길 바란다.

막내 할아버지, 이은승의 인터뷰

나　　우리가 잘 때 꾸는 꿈 말고 뭐가 되고 싶다 할 때 꾸는 꿈들 있잖아요.

막내 할아버지　　그렇지.

나　　과거에는 어떤 꿈을 꾸셨어요?

막내 할아버지　　과거에? 과거에 나야 뭐 잘살아 봐야겠다, 이런 꿈을 꿨지. 어떻게 해서든 잘살아 봐야겠다, 돈 벌어야겠다 이런 꿈을 꿨어.

나　　그럼 현재의 꿈은 있으실까요? 과거와 같아도 좋고, 아니어도 좋고요.

막내 할아버지　　**현재는 아프지 않았으면 좋겠단 꿈이야. 그저 건강하게. 그거지 뭐.**

막내 은승 할아버지와의 인터뷰는 다른 분들보다 언제나 짧다. 그만큼 단순해 보일 수도 있지만 듣다 보면 명쾌한 느낌이 든다. 그래서 난 할아버지와 말씀을 나눌 때 왠지 모르게 속이 뻥 뚫리는 것 같은 쾌감을 느끼곤 한다.

이번 대화에서 할아버지의 꿈은 과거엔 돈을 벌어 잘살아 보기, 현재 와선 아프지 않고 건강하게 살기 이렇게 두 가지였다. 할아버지의 인생사를 할머니들이나 할아버지 본인을 통해 자주 들었던 나는 할아버지의 인생을 다 알진 못해도 왜 젊으셨을 적엔 돈을 벌고 싶으셨고 왜 나이가 드신 지금은 건강하게 살고 싶으신지 안다. 뒤에 인터뷰 내용에서도 언급될 것이지만 할아버지는 삶에 대한 후회를 자주 언급하셨다. 내가 좀 더 잘했더라면, 돈을 잘 모았더라면, 그때 용기를 냈다면- 이런 후회가 어느새 할아버지의 일부분이 되어 자리 잡고 있었다. 보통 '후회'라고 하면 부정적인 것을 떠올리지만 나는 이번에 할아버지에게서 마냥 부정적인 것만을 떠올리진 않았다. 사람은 일의 성과가 좋더라도 아쉬움과 어느 정도의 후회가 남는다. 그건 어쩌면 인간이기에 당연스럽게 따라오는 것일지도 모른다. 그런데 거기서 후회를 느끼고 자책만 하다 삶을 부정하며 살 것이냐, 아니면 후회를 느꼈지만 그럼에도 불구하고 남은 삶을 최선을 다해 살아갈 것이냐는 다르다고 생각한다. 그리고 이 갈등 사이에서 할아버지는 후자를 택하셨던 것 같다. 많은 후회가 남지만 그래도 어떡하겠냐, 남은 인생 건강히 잘 살아 봐야지. 이런 할아버지의 단순하고도 통쾌한 일념이 왠지 모르게 많은 것들을 요하는 이 시대를 살고 있는 나에게 위로가 되었다. 또, 나뿐만 아니라 나 하나를 지키기 위해 바라는 희망들을 하나씩 접어야 하는 세대들에게도 이 말이 현실적인 응원을 보내 줄 수 있을 거라 생각한다. 연애도, 결혼도, 내 집 마련도 힘든 이 시대에 가만히 나를 방치하고 좌절로 세월을 보내기보다 그래도 어떡해, 행복해져야지. 이런 마인드를 가져보는 건 어떨까 생각해 보았다. 나도 가끔, 아니 생각보다 자주 글을 놓고 싶을 때가 드리워지는데 그럴 때마다 그래도 어떡하냐, 이게 나를 일으켜 주는데. 이런 생각으로 하루하루를 영위한다. 이 책에선 '이렇게 삶을 살아갑시다!'라고 함부로 조언하는 걸 금한다 말했지만 이번만큼은 독자분들에게 막내 은승 할아버지의 통쾌한 삶의 질문을 드려보고 싶다.

그래도 어떡해? 앞으로는 살아 봐야지. 일을 그르치게 되었어도 어떡해? 앞으로 잘 해봐야지. 어떡하긴, 그래도 다시 한번 잘 살 수 있어.

첫째 할머니, 이명희의 인터뷰

나　　　　우리가 잘 때 꾸는 꿈 말고 되고 싶었던 꿈 같은 게 있잖아요. 예전에 되고 싶으셨던 꿈을 먼저 여쭤보고 싶어요.

첫째 할머니　　난 어렸을 때 기자 되고 싶었어.

나　　　　기자가 되고 싶으셨구나.

첫째 할머니　　가만있어 봐. 그건 애들이었을 때 꿈이었으니까. 다른 게 또 있었나. 아니야, 그냥 기자 되고 싶었다 할래.

나　　　　그럼 기자는 왜 되고 싶으셨어요?

첫째 할머니　　똑똑해 보일 것 같아서. 똘똘해 보였거든. 내가 항상 머리 좋은 사람이 되고 싶다 했잖아. 지금 생각해 보면 기자가 안 되고 싶은데 그땐 기자가 아주 대우받고 똑똑한 사람들처럼 보였어.

나　　　　그럼 현재 이렇게 살고 싶다 하는 꿈 같은 건 있으세요?

첫째 할머니　　지금? 지금은 남은 생애 후회 없이 살고 싶은 거야. 누구한테나 좋은 사람으로 남고 싶어. 마지막의 길이니까 욕심 안 내고 좋은 사람으로 기억되고 싶어. 인간으로 왔으니 가능하면 미움 받지 않고 떠나고 싶어.

　첫째 할머니의 꿈엔 세월이 잔뜩 묻어 있었다. 과거와 현재의 꿈을 어른들께 여쭤 보면서 나는 어쩔 수 없는 시간의 흐름을 경험하곤 했는데 그게 처음엔 쓸쓸함만 가져다주다가 나중 가선 자연스럽게 받아들여졌다.

과거 나이가 젊으셨을 적엔 되고 싶은 사람보단 되고 싶은 직업이 많으셨을 것이다. 그리고 시간이 흘러선 직업이나 일보다 되고 싶은 사람이나 바라는 일이 더 많으셨을 것이고. 나는 이게 당연한 일처럼 생각되면서도 한편으론 희망하는 점이 한 가지 있었다. 이번 첫째 명희 할머니 인터뷰를 하면서 바라게 된 건 나이가 들어서 하고 싶은 일들과 바라는 일들을 나이가 젊은 청춘이었을 때에도 생각해 봤으면 좋을 것 같다는 것이었다. 우리는 젊었을 적에 꿈이라 하면 직업을 우선으로 떠올린다. 경제나 앞으로의 삶에 있어 중요한 것이고 그때는 그렇게 중요한 것처럼 느껴지니까. 실제로 중요하기도 하고 말이다. 그러나 직업이 꿈이 될 순 있어도 꿈이 반드시 직업일 필요는 없다고 생각한다. 그래서 할머니의 현재 꿈처럼 미움 받지 않고 좋은 사람으로 기억되고 싶다는 꿈을 사람들이 조금 더 일찍 꾸어도 좋을 것 같다는 생각을 해 보았다. 그리고 후에 다른 이야기에서도 언급하겠지만 '젊음'이라는 단어에 집착하지 않길 바란다. 이건 나 자신에게 바라는 것이자 타인들에게도 하고 싶은 말이다. 나이 사십이 넘어도 꿈꾸는 직업이 생길 수 있고 나이 오십, 육십을 넘어 그 후의 나이에도 하고자 하는 일과 직업이 생길 수 있다는 것. 그리고 반대로 많은 사람들이 '너희들은 한창이야.'라고 말하는 이십대와 삼십대 때에 굳이 급하게 일을 찾고 지금이 아니면 영영 직업을 갖지 못할 것처럼 무작정 달리기보다 때로는 그냥 인간으로서 하고 싶은 일들과 바라는 일을 해 보는 것도 좋을 것 같다는 생각을 해 보았다. 이 모든 이야기를 줄이면 나이는 그저 숫자일 뿐이다-라고 들릴 수 있겠지만 정말 그 숫자에 모든 희망을 잠가 버리는 모습을 보면 인생에서 또 다른 후회스런 과거를 만드는 일 같아 아쉽기도 하다. 이번 명희 할머니 이야기를 들으며 든 생각이 있다면, 똘똘해 보여 욕심이 났던 기자란 꿈에서 사랑을 받고 싶고 미움은 받고 싶지 않아 좋은 사람으로 기억되고 싶다는 꿈까지- 가끔은 우리가 세월의 마지막 길을 앞두고 있지 않아도 일상 속에서 어떤 사람으로 살고 싶은지 꿈 꿔 봤으면 좋겠단 생각을 해 본다.

절에서 초파일 준비를 도와주시며 전화로 인생의 마지막 길에 미움 받고 싶지 않다던 할머니의 바람을 들으며 나도 모르게 두 손을 모았던 기억이 지금도, 선하다.

4장

'엄마, 우리 엄마가 보고 싶어'

나는 꿈에서 보고 싶지만 이젠 못 만나는 사람들의 꿈을 자주 꾸곤 한다. 그럴 때면 나도 이렇게 보고픈 사람들이 많은데 우리 할머니, 할아버지들은 어떨까 싶다. 그래서 여쭤보았다. 만약, 그리운 사람을 부를 수 있는 요술을 부린다면 누굴 부르시겠냐고.

둘째 할머니, 이녹희의 인터뷰

나 만약에 지금 할머니가 가장 보고 싶은 사람을 불러내는 요술을 부릴 수 있어요. 그렇다면 누구 부르고 싶으세요?

둘째 할머니 돌아간 사람도 되는 건가?

나 네 네. 돌아가신 분이든 살아 계신 분이든.

둘째 할머니 아버지, 돌아가신 아버지를 부르고 싶어.

나 왜요?

둘째 할머니 그렇게 잘해주셨어, 나한테. 내가 아들 성민이 낳고 나서도 바나나가 그렇게 귀할 땐데 그걸 사다 주시고 자전거도 사다 주시고 그랬어. 그리고 그 시절에 내가 가난한 곳으로 시집을 갔는데 불러내서 짜장면을 사 주시면서 용돈을 주시고 그랬어. 어쩌면 엄마보다 더 좋았던 것 같아.

나 아버지께 큰 사랑을 받았다고 생각하시는 거네요.

둘째 할머니 그렇지, 아버지의 사랑을 받고 자랐어. 그래서 그런지 꿈에도 자주 나오셔.

나 그렇구나. 그러면 요술로 부르셔서 어떤 걸 같이 하시고 싶으세요?

둘째 할머니 뭐 사 드리고, 옷도 사서 입혀 드리고 돈도 좀 내가 그 전에 받았던 것보다 더 드리고 싶고 그래.

사람은 누구나 그리움을 가지고 산다. 사람에게서 생겨난 그리움은 번지고 번지는 특성을 가지고 있기 때문에 그 사람이 썼던 물건만 봐도 생각이 나고 그 사람의 몸에서 났던 향기가 스쳐 지나가도 눈물이 나기도 하고 때론 둘째 할머니 기억처럼 함께 먹었던 음식만으로 기억이 나기도 한다. 똑같이 없는 형편이었으나 가난한 형편으로 살고 있던 둘째가 눈에 밟혔던 아버지. 그리고 가난하지만 여러 식구들을 거느리고 있었던 아버지가 마음에 걸렸던 자식. 서로가 서로를 너무 위해서 자꾸 무언가를 챙겨 주고 사다 주고 싶은 그 마음이 잘 느껴지는 대화였다.

사람은 사랑을 확인시켜 주는 가장 빠르고 획기적인 방법으로 사물을 선물하는 것을 택하기도 한다. 눈에 보이는 것을 주고받으면 그 물건을 볼 때마다 기억이 떠오르고 그 사람이 나를 위해 이걸 고르고 골랐을 거란 상상을 할 수 있으니까. 그리고 사랑을 눈에 보이는 것으로 표현할 수 있으니까. 그렇기 때문에 나는 할머니가 아버지에 대한 사랑 가득 찬 기억을 사물들로 떠올리시는 것이 인상 깊었다. 그리고 한편으론 애틋함도 들었다. 이제는 지나가 버린 세월을 얘기하는 건 그리움으로 온몸을 치장하는 일이기도 하다. 그리움은 세포 분열처럼 번지고 번진다. 한번 생겨나면 계속해서 번져나간다. 그리움으로 온몸을 덧칠한 사람들에게선 비가 한참이나 쏟아지는 날의 흙과 섞인 빗물 냄새가 난다. 추억이 물방울이라면 물방울로 인해 동... 동... 물결이 퍼지는 웅덩이는 그리움. 할머니의 그리움의 웅덩이는 대화 속에서 이따금씩 출렁거렸다. 그리고 그 방울방울, 맺혀지는 그리운 추억들을 엿보며 나는 녹희 할머니께 마음으로 편지를 써 보았다.

할머니, 사람은 다시 태어났던 곳으로 돌아가도 지금 생의 사람들의 기억 속에서는 영원히 살아 숨 쉰답니다. 여전히 할머니께서 아버지와의 기억을 다시 떠올리시고 지금도 사랑을 맺으시는 걸 보면 할머니의 가슴 속에서 아버지는 영원히 살아 계실 거예요. 우리의 대화 속에서 확인했던 것처럼요.

셋째 할머니, 이선희의 인터뷰

나   두 번째 질문은 지금 당장 요술로 누구를 부를 수 있다면 어떤 분을 부르시겠어요?

셋째 할머니   글쎄.... 누구를 부를까나.

나   어떤 사람이든 괜찮아요. 지금 만나 뵐 수 있는 분도 좋고, 돌아가신 분도 좋고요.

셋째 할머니   그럼 당연히 어머니지. 나의 엄마.

나   어머니를 부르고 싶으시구나. 이유가 뭘까요?

셋째 할머니   그냥 보고 싶어. 너무 어릴 때 돌아가셔서 보고 싶어 정말.

나   그렇다면 만나셨을 때 같이 하고 싶으신 것이 있나요?

셋째 할머니   그냥 뭐, 같이 살고 싶어. 오손도손 복잡하지 않게 넓은 공간에서 같이 지내고 싶어. 맛있는 것도 해 드리고 같이 여행도 다니고 그러고 싶어.

  셋째 선희 이모할머니의 그리움은 어머니였다.

  둘째 할머니 때와는 같으면서도 다른 답변이라 생각했다. 둘째 할머니는 자신이 어머니의 사랑보다 아버지께 더 큰 사랑을 받았다 말씀하셨지만 셋째 할머니는 어머니의 사랑을 더 많이 기억하시는 듯했다. 그리고 공통적으로 두 할머니 모두 어릴 적 어머니의 사랑을 지금도 고파하고 계셨다. 모정을 향한 배고픔 같은 것. 녹희 할머니는 인터뷰 녹음이 끝나고 자신은 어머니의 사랑이 잘 기억나지 않으신다고 말씀하셨다. 생각이 잘 안

날뿐더러 정말로 이렇다 할 추억이 별로 없다고 말이다. 그래서 함께한 기억이 많은 아버지 생각이 더 많이 난다고 하셨다. 반면에 셋째 선희 할머니는 아주 어렸을 때 어머니께서 돌아가셨지만 잠깐뿐이었던 기억 속에서도 어머니와의 추억이 강렬하다고 하셨다. 오히려 추억을 많이 못 쌓았기 때문에 더 그립고 만나고 싶은 마음이 크다고. 한 분은 기억이 적기에 그리움이 크지 않다 하시고 한 분은 기억이 적기에 그리움이 크다 하시고, 참 들으면서 아이러니했다. 이렇게 다를 수가 있나 싶었다. 그러나 곧이어 나는 다시 한번 두 할머니의 표정들을 다시 떠올려 보았다. 어머니를 얘기하실 때 어떤 표정이었더라….

무언가에 사무친 표정.

녹희 할머니도, 선희 할머니도 그리움과 추억 속에서 사무치는 눈빛을 보이고 계셨다. 기억이 잘 안 난다고 하셨던 녹희 할머니와 선희 할머니에게서 엄마의 손길이 필요한 어린 아이의 모습이 투영되어 보였다. 그리움이 덜하다 해도 그 분은 나의 엄마. 추억이 적다 해도 그분은 하나뿐인 나의 어머니. 애써 그립지 않다 말씀하시던 녹희 할머니와 솔직하게 너무나 보고 싶다고 기억을 움켜쥐었던 선희 할머니에게서 너무 쓰다듬어 반질반질해진 작은 기억 구슬들을 발견했다. 그것들은 너무 문지르고 자주 들여다봐서 온통 반짝반짝 윤기가 흘렀다. 나는 모정을 향한 다른 형태의 그리움들을 찾으며 나도 모르게 할머니의 구슬들을 만져 보았던 것 같다.

또, 이 질문을 준비하면서 나는 할머니들과 할아버지의 답변을 예상해 보곤 했는데 그 예상 답변에 맞는 이야기를 들으면서도 나도 모르게 눈시

울이 붉어지곤 했다. 자식이란 뭘까, 부모란 어떤 존재일까. 어떤 사이길래 이렇게 애달프고 애틋할까? 얽히고설켜 있지만 그 복잡함을 가족이란 이름으로 사랑하는 우리네가 떠올랐다. 종교를 떠나 당연스러운 인연이 있는지 나는 아직도 모르겠지만 이 인터뷰에선 그런 운명 같은 인연이 있길 바란다는 생각을 해 봤다. 당장 돌아가신 분을 불러낼 수 있는 마법이나 요술이 아니더라도 후생이 있다면, 또는 천국, 천당 같은 게 있다면 만나고 싶은 사람들을 꼭 만날 수 있길. 그리고 이 바람이 우리 할머니들과 할아버지에게 꼭 이루어지길 바랐다.

막내 할아버지, 이은승의 인터뷰

나   만약에 지금 요술을 부려서 보고 싶은 사람을 불러낼 수 있어요. 그럼 누굴 부르시겠어요?

막내 할아버지   누구든 돼? 두 명이어도?

나   네, 다 돼요.

막내 할아버지   나 낳아 주신 우리 엄마랑 아버지.

나   그러면 앞에 모셔지게 되면 어떤 걸 처음으로 함께 해 보고 싶으세요?

막내 할아버지   그냥 아버지한테는 내가 첫 봉급 타서 뭐 좀 해 드리고 싶다는 생각이 들어. 그리고 엄마랑은 같이 한집에서 살아 보고 싶어.

나   그럼 아버지께는 봉급을 타서 뭘 해 드리고 싶으세요?

막내 할아버지   아버지가 나한테 정말 잘해 주셨거든? 근데 일찍 돌아가셨어. 내가 막 성장하고 있었을 때, 첫 직장을 나갔는데 돌아가셨어. 그래서 해 드린 게 없어서 다시 만나면 내가 돈 번 걸로 맛있는 거라도 사 드리고 싶어.

나   그렇구나. 처음 두 분을 만나 뵙게 된다면 뭐라고 말씀 드리고 싶으세요?

막내 할아버지   아버지, 어머니 참 보고 싶었어요. 이렇게.

할아버지는 유독 그리움이 많으신 분.

난 그래서 말씀은 더 안 하셔도 세상에 보고 싶고 부르고 싶은 분들이 아주 많을 거라고 생각한다.

막내 은승 할아버지는 인터뷰를 하셨던 네 분 중에서 유일하게 요술로 두 명을 동시에 부르고 싶어 하셨다. 낳아 주신 친어머니를 보고 싶다는 말씀을 하시면서 아이 같은 말투로 "우리 엄마."라 말씀하셨던 목소리가 아직도 선하다. 그때의 목소리는 마치 일곱 살배기 어린아이 같았다. 아직도 엄마, 엄마 하며 동네를 돌아다닐 것만 같은 순진무구함과 천진난만함. 어쩌면 아직도 할아버지는 엄마의 품이 필요하신 것 아닐까?

많은 사람들이 노인이 되거나 많은 세월을 겪은 사람들을 어른이라 부른다. 그래서 나도 나이가 들면 어른이 되는 걸까 싶어 얼른 나이가 찼으면 좋겠다는 생각도 했었다. 그러나 이 인터뷰를 통해 그러지 않은 사람도 있다는 걸 깨달았다. 삶의 연륜은 세상사를 어떻게 이겨내고 감내하냐에 따라 달려 있기도 하지만 때로는 그리움을 어떻게 숨기고 다듬느냐에 따라 달려 있기도 하다. 나는 그런 측면에서 은승 할아버지의 그리움의 연륜은 한창 차고 있는 중이란 생각이 들었다. 여전히 매달 첫 봉급을 타면 아버지께 첫 선물을 사 드리고자 했던 과거의 세월을 기억하시고 자신과 함께 살고 싶어 하셨던 어머니의 바람을 기억하신다. 그 모두를 이루어드리지 못했던 막내 할아버지는 후회 섞인 그리움으로 그 모두를 기억 속에서 현실로 불러들이고 싶어 하셨다. 그리움이라는 게 뭐길래 이렇게 한 사람에게 평생 영향을 끼치며 살아 숨 쉴까 고민도 해 보았다. 그래서 여쭤본 게 부모님을 처음 만나면 뭐라고 말씀하시고 싶냐는 질문이었다. 그 질문의 답에서 나는 가만가만... 고개를 끄덕였다. 그리움은 사랑의 또 다른 과거형 단어였음을. 단지 그 사랑 가득한 추억을 과거에 담아 둬야 하기에 사랑의 다른 말로 '그리움'이라는 말이 생겼음을 막내 은승 할아버지와의 대화에서 깨달았다.

첫째 할머니, 이명희의 인터뷰

나　　만약에 지금 할머니께서 요술을 부릴 수 있어요. 그래서 보고 싶었던 사람을 불러낼 수 있어요. 그러면 누굴 부르실 건가요?

첫째 할머니　　엄마.

나　　이유는 뭘까요?

첫째 할머니　　엄마가 그때 너무 한 많게 떠나신 것 같아서 불러내서 원 없이 해 드리고 싶어.

나　　어떤 걸 가장 해 드리고 싶으세요?

첫째 할머니　　돈. 돈과 사랑.

나　　그럼 처음 만나 뵙게 되면 뭐라고 말씀하실 것 같아요?

첫째 할머니　　돌아가신 엄마를 처음 만나 뵙게 되면 …. 엄마 사랑해요 이렇게 말씀드리고 싶어.

이번 그리움에 대한 질문을 하면서 나 스스로 재밌었던 점은 내가 '효자'라는 말을 떠올리지 않았다는 것이다. 그리운 사람이라면 누구나 불러들일 수 있는 요술이 있다- 그럼 누굴 부르실 것이냐는 질문은 생각할 때도, 여쭤볼 때도 재밌었지만 다른 한편으론 모두 같은 대답이 나오지 않을까 걱정하기도 했었다. 그러면 인터뷰집이 재미없지 않을까 싶었기 때문에 모두가 부모님을 떠올리면 이야기를 추가적으로 더 끄집어내야 하나 고민했었다. 그러나 대화를 들으면 들을수록 내가 참 교만했다는 생각이 들었다. 그들에게 당연한 걸 왜 부자연스럽게 내 멋대로 고치려고 했을까. 어쩌면 기구하다 생각되는 시대에 태어나셔서 평생을 잘사는 것에 목표를 두고 달려온 할아버지, 할머니들에게 그리움이란 이제 아무리 잘 먹고 잘 살아도 보지 못하는 이들일 것인데. 누구나 부모에게 사랑 받고 사랑하며 살진 않지만 적어도 나의 나이 든 친구들에게 부모님이란 사랑의 의인화 그 자체인데 말이다. 그래서 마지막으로 첫째 명희 할머니의 이야기를 듣고 나는 빙그레 웃어 보였다. 아직도 엄마, 아빠가 보고 싶고 만나면 사랑한다고 전하고 싶은, 부모 앞에선 여전히 아이인 그들이 내 눈동자에 비춰졌기에. 그래서 첫째 할머니와의 그리움 이야기를 끝내며 속으로 나만의 독백을 이어나갔다.

   할머니, 할아버지 나는 이제 알 것만 같아요. 사랑 자체가 이렇다, 저렇다고 아는 체하기보다 사랑 앞에선 누구나 어린이가 된다는 것을요. 그리고 그리움은 사랑이고 사랑 중에선 그리움이 있고, 그 둘이 만나면 '사랑한다.'라는 인간의 가장 찬란한 고백이 이루어진다는 것을요.

마이 네임 이즈

----- **5장** -----

'나이가 든다, 마음은 계속 채워진다'

나이가 든다는 건 마음이 찬다는 것과 같다고 생각했는데 인터뷰를 하다 보니 나이가 들어도 마음은 여전히 젊은 청춘과 같을 수 있다는 생각을 했다. 그리고 이 생각의 변화에 나의 나이 든 친구들이 존재했다.

둘째 할머니, 이녹희의 인터뷰

나　　　　 그러면 나이가 드시면서 어떤 생각이 드세요? 나이 드신다는 게 점점 체감이 들잖아요.

둘째 할머니　　 이게 인생이구나…. 생각해. 왜 사람으로 태어나서 죽음이라는 걸 생각하나 싶고.
　　　　　　 그리고 손주들이 늙으면 어떡하나 싶어. 저대로만 멈춰서 살았으면 좋겠는데 말이야. 나처럼 아프지 말아야지 이런 약한 마음도 들고 그래.

나　　　　 그럼 나이가 든다는 건 뭐라고 생각하세요?

둘째 할머니　　 이게 인생의 발걸음이라고 생각해. 뭐 어쩔 수 없으니까. 나이는 걸음이지. 그래서 종교 갖길 잘했어. 예전엔 어떡하지 하면서 마음이 왔다 갔다 했는데. 이젠 믿음이 생겨서 천국에 갈 수 있다 이런 안도감이 들기도 해.

　　문득 나이가 드신 이 어른들에게 '나이'와 '세월'이란 건 무엇일까, 어떻게 다가갈까 싶었다. 나이를 드신다는 표현도 재밌고, 그렇다면 드신다는 건 다른 표현을 엮어서 생각해 볼 때 먹는다는 것을 의미할 수도 있고, 그 '먹는다'는 표현은 무언가 채워진다는 것과 비슷한 성질을 가지고 있는데 녹희 할머니에게 있어 나이와 세월은 어떻게 채워지고 있을까 궁금했다.
　　답변은 생각보다 심플했다. 그리고 무슨 느낌인지 약간은 회의감 같은 것도 느껴졌다. 왜 사람으로 태어나서 죽음이라는 걸 생각할까 고민하는 마음은 할머니에게 회의감에 절여진 인생의 물음보단 한 인간으로서 느끼는 죽음을 향한 두려움과 탄식으로 느껴졌다. 이 인터뷰를 참여하시는 다람쥐 모임의 네 분 중에서 가장 죽음에 대해 두려워하시는 분이 녹희 할머니셨다. 그렇기에 가끔은 한참 방 안에서 거울을 들여다보며 패인 주름과 늘어난 점들을 하나하나 관찰해 보시곤 한다. 교회를 가실 때에도, 친구 분들을 만나실 때에도 분을 곱게 바르시고 할머니 70대로 안 보이지 않냐며 깔깔 웃으셨던 할머니의 모습이 지금 와선 자신의 마음과는 다르게 자꾸만 차는 나이가 싫어 감추고 싶었던 모습으로도 보인다. 가끔은 그런 질문을 자꾸 하시는 할머니께 지겹다는 듯 "화장 안 하면 어때요. 자연스러운 모습이 더 예뻐 보여요."라고 말씀드리기도 했는데 나 참, 센스 없었다는 생각도 든다. 할머니의 바람은 그게 아니었을 텐데. 그저 곱다고 젊어 보이신다고 말씀 드리는 게 뭐 어려워서. 이런 후회스러운 생각이 들 때면 나는 세상에 시계도, 달력도, 거울도 사라졌으면 한다. 우리 녹희 할머니 나이 드시는 거 아무도 모르게, 그리고 할머니 자신도 모르게 말이다. 그런 우스꽝스러운 바람이 나도 모르게 자꾸 든다.

  인터뷰를 하기 전까지만 해도 사람이 나이가 들면 그리고 나 또한 나이를 먹으면 죽음이 두려워지지 않고 점점 받아들여지는 것이라 생각했다. 근데 내 앞의 할머닌 여전히 생존에 대한 본능이 강하셨고 건강하게 삶을 영위하고자 하는 바람이 앞섰다. 믿게 되신 종교조차도 죽음에 대한 공포를 덜어주는 역할을 해 줘서 다행이라는 말씀을 들으며 나는 깊은 생각에 잠겼다. 너무 아득해서 죽음을 향한 겁조차 없었던 나에게 한 노인의 진

솔한 고백은 날 부끄럽게 만들었기에. 요즘 말하는 인생은 이런 거야, 저런 거야 호되게 잔소리하는 '꼰대' 같은 느낌이 아니라 정말 진실한 어른을 만난 것 같았다.

이날 할머니는 나에게 '인생은 이런 거야.'보다 **'인생은 나도 아직 몰라.'** 라고 말씀하셨다.

셋째 할머니, 이선희의 인터뷰

나 그러면 공통적으로 질문 드리는 건데 나이가 드실 때마다 또 세월이 지날 때마다 무슨 생각이 드세요?

셋째 할머니 세월이 지날 때마다....

나 네. 세월이 갈수록 어떤 생각이 드시는지 궁금해요.

셋째 할머니 항상 아쉽지 뭐. 더 젊었으면 하는 그런 마음이지. 조금만 더 젊었으면 더 보람 있게 살 수 있을 것 같다는 그런 느낌? 근데 이제 나는 너무 나이를 먹었구나 그런 실감이 나.

나 그러면 나이가 드는 건 어떤 거라고 생각하세요?

셋째 할머니 나이가 든다는 건 젊었을 때 몰랐던 걸 알 수 있는 거 아닐까? 삶의 연륜이 찬다는 느낌이야. 이런 장점도 있긴 하지만 난 그래도 조금만 더 젊었으면 다시 시작해서 더 잘 살 수 있었을 것 같아. 누구나 다 마찬가지로 생각하겠지만.

셋째 할머니는 인터뷰를 하는 동안 반복적으로 조금만 더 젊었다면 어땠을까 가정을 내리고 아쉬움을 표현하셨다. 내가 조금만 지금 아는 것들을 그때 알았다면 어땠을까. 내가 더 어렸을 때 지금 하는 것들을 해 봤으면 어땠을까. 이런 말씀들을 자주 하셨다. 나는 그 말씀을 들으면서 인간의 다채로움이라기보단 인간이 가지고 있는 생각의 교집합을 보았다. 어느 인간이든 지나간 세월에 있어서 약간의 후회나 또는 지금이 만족스러워도 다시 돌아간다면 더 잘할 수 있을 것 같다는 자신감을 느낀다는 것.

그래서 할머니 이야기를 들으며 '화양연화'라는 말이 떠올랐다. 인생의 가장 아름답고 찬란한 시절. 물론 셋째 할머니는 그 시절을 지금보다 한 살이라도 젊으셨을 때로 생각하시는 듯했다. 사람마다 생각이 다르니 물론 그렇게 생각하실 수도 있지만 나는 인생의 가장 아름다운 시기는 뻔하다 해도 지금 이 순간이라 생각한다. 막연하게 젊었을 때가 생에서 가장 좋은 날이라면 지금 이 순간은 조금 아쉬운 세월이니까. 그리고 선희 할머니의 말씀에서 나는 또 다른 의미를 찾아보았다. 한 살이라도 젊었을 때, 조금 더 어렸을 때 이런저런 걸 해 봤으면 좋았지 않았을까 하는 후회는 지금 이 순간이 얼마나 젊고 소중한 순간인지를 다시 알려주는 반문이기도 하다. 오늘은 내일보다 젊은 날. 오늘은 다시 돌아오지 않는 지금 내 인생의 젊음. 이런 생각을 하면 한 살이라도 어릴 때 무언가를 해 볼 걸 그랬다는 후회는 하지 않아도 된다. 왜냐하면 올해, 오늘이 내년의 오늘보다 한 살 젊은 날이니까. 우린 무엇이든 할 수 있다. 누군가는 이런 생각이 너무 과하게 낙천적인 것이 아니냐 할 수도 있지만 아무렴, 사람은 생각하는 대로, 마음을 어떻게 먹느냐에 따라서 나의 생이 불행해지기도, 행복해지기도 한다는 걸 안다. 그렇기에 나는 그저 다들 알고 있는 이야기를 다시 한번 하는 것뿐이다. 그렇기에 셋째 선희 할머니의 이야기를 듣는 내내 한참 어린 사람의 한창 어린 생각일지도 모르는 일종의 텔레파시 같은 걸 보냈다.

'할머니의 지금 또한 화양연화예요.'

'할머니의 지금은 화양연화입니다.'

할머니, 앞으로의 시간도 인생에서 찬란한 시간일 겁니다.

매 순간, 순간이요.

막내 할아버지, 이은승의 인터뷰

나　　　나이가 드시면서 삼촌할아버지는 어떤 생각이 드셨나요? 세월이 지나면서.

막내 할아버지　　　세월이 지나면서?

나　　　네.

막내 할아버지　　　매사가 다 후회지. 내가 신중하질 못했다던가 이런 게 많이 후회스럽지.

나　　　추억보단 후회가 많이 남으시나요?

막내 할아버지　　　그치. 추억보다는 조금 더 후회가 남은 것 같네.

나　　　그럼 나이가 드신다는 건, 세월이 간다는 건 무엇이신 것 같으세요?

막내 할아버지　　　죽어가는 거지 뭐. 사람은 그런 거 아니겠어? 태어나자마자 죽기 시작하는 그런 거 아냐?

나　　　그렇게 생각하실 수 있죠. 그렇다면 어떻게 나이가 들고 싶으세요? 건강도 건강이지만 마음가짐이라든지.

막내 할아버지　　　마음이 건강하고 깨끗하게 늙었으면 좋겠어. 없는 형편이어도 누구한테 손 내밀고 그러고 싶은 생각은 없거든. 그래서 깨끗하게! 내가 지금 가지고 있는 거 가지고 깨끗하게 살고 싶어.

누군가는 막내 은승 할아버지를 인생사를 비관적으로만 바라보는 사람으로 볼 수도 있다. 왜냐하면 나조차도 처음 인터뷰를 시작할 때 헷갈렸기 때문이다. 그러나 이제는 아니라는 걸 안다. 그리고 누구보다 자유로운 긍정의 영혼이라는 걸 안다. 인터뷰 내용과는 모순적이지만 막내 할아버지의 이야기는 처음엔 아주 어둡고 회의적이다가도 그 목소리나 이야기의 결론을 들으면 그렇게 명랑할 수가 없다. 세월이 가고 나이가 찬다는 건 죽어가는 것과 다름없지 않냐며 사람은 태어나서부터가 죽어가는 것이라고 말씀하시면서 허허 웃으셨던 할아버지. 그러나 그는 이어서 마음의 건강을 강조하셨다. 살면서 인간은 깨끗한 마음을 가지고 있어야 하며, 사람은 궁핍한 사정이어도 자신이 가지고 있는 그대로를 사용하며 인생을 즐겨야 한다고 말이다. 사람은 점점 죽어간다고 말씀하시지만 다인용 봉고차를 끌고 전국 방방곡곡을 여행하시는 할아버지를 보며 나는 함부로 비관주의자라고 부르고 싶지 않았다. '누구보다' 자유롭다고 비교하고 싶지도 않다. 세상은 자기 자신만의 시선으로 바라보는 것이기에 한 인간을 두고 '그 누구보다' 낙관적이다, 부정적이다 이렇게 판단할 순 없는 것이다.

그렇기에 나는 나이가 든다는 건 죽어가는 것이라는 할아버지의 말씀에 동의하면서도 부정하고 싶다. 그리고 자유와 젊음은 어쩌면 같은 결이 아니란 생각도 해 본다. 젊다고 해서 자유로운 것도 아니고 나이가 들었다 해서 마음도 늙는 건 아니니까. 나이가 찰수록 옥죄는 걸 벗어 던지고 자유로워지시는 분이 내 눈앞에 계셨기 때문에 산이든 바다든 전국을 여행하시며 죽음이라는 단어에서 오히려 자유로워지시는 할아버지를 보면서 난 이것도 젊음이 아닐까 생각해 보았다.

지금도 봉고차 드라이버 막내 은승 할아버지는 점점 더 젊어지고 계신다.

첫째 할머니, 이명희의 인터뷰

나 나이가 드시면서 점점 어떤 생각이 드세요?

첫째 할머니 점점 갈수록?

나 네. 시간이 지나면서.

첫째 할머니 시간이 지나고 나이를 먹고 생각해 보니까 가장 가까운 사람들한테 사랑을 못 베풀고 산 것 같아.

나 다 못 베풀었다고 생각하세요?

첫째 할머니 어 어, 그러니까 사는 거 바쁘다고 핑계대고 내가 사랑해 줄 수 있는 사람한테 못해 준 것 같아. 아들딸한테도 남편한테도 그랬던 것 같아. 바쁘게 산다는 핑계 대고 사랑 못 준 게 가장 후회돼 지금도. 돈 많게 사는 거 상관없고, 출세도 상관없는데 나이 들면서 사랑 못 준 게 계속 후회돼.

나 그러면 나이가 든다는 건 무엇이라고 생각하세요?

첫째 할머니 나이가 든다는 건 철드는 것.

나 그럼 할머니는 언제 철드신 것 같으세요?

첫째 할머니 나는 아직도 다 못 든 것 같아. (웃음) 팔십 넘어서 조금 드는 것 같아.

나 그럼 어떨 때 철드는 것 같단 생각이 드세요?

첫째 할머니 누구든 배려해야겠단 생각이 들 때. 그때 철드는 것 같아.

첫째 명희 할머니는 세월이 흘러가면서 든 생각으로 주변인들에게 사랑을 못 준 걸 꼽으셨다.

출세도, 부와 명예 이런 거 다 상관없이 내 자식, 내 남편, 내가 사랑하는 모든 이들에게 사랑과 배려를 베풀지 못했던 것이 후회라던 그녀. 나는 문득 나이가 든다는 말이 명희 할머니에겐 어떻게 다가갈까 궁금했고, 혹시나 후회로 자리매김한 건 아닐까 싶던 찰나에 예상외의 호쾌한 대답을 들어 기뻤다.

"나이가 든다는 건 철드는 것. 나는 아직도 다 못 든 것 같아. 팔십 넘어서 조금 드는 것 같아."

2023년 팔순 잔치를 하신 다람쥐 친구들 중 왕언니의 말씀이 자신은 아직도 철이 안 든 것 같다는 것이라니 이 자체로 얼마나 즐거운 말인가! 아직 철이 다 안 든 것 같다는 말 한마디로 나는 일종의 환희를 느꼈다. 할머니의 육체는 세월을 지니고 있었으나 마음만은 아직도 소녀 같다는 의미로 들렸기에 말끝으로 이어지는 할머니의 당당한 웃음 뒤로 나의 웃음을 덧붙일 수 있었다. 그리고 아직도 누군가를 배려해 줘야겠다는 생각이 들 때 철이 드는 것 같다는 말씀에서 난 우리가 생각하는 '노인'이라는 단어의 무력감을 지우고 싶고 뒤집고 싶다는 욕심이 들었다. 보통 노인, 나이가 든 사람들을 말하면 배려를 해 줘야만 하는 약자로 인식하는데 오히려 노인이신 첫째 할머니는 자신이 누군가를 배려해 주고 아직도 힘을 보태어 다른 이를 일으키는 데에 이바지하고 싶어 하셨다. 아직도 시골 마을의 사람들을 돕고 자신의 힘으로 농사일을 가꾸시는 할머니를 보면서 나는 내 어린 삶을 돌아보며 앞으로의 삶을 상상해 본다.

인생을 더 넓게 펼치며 살아가야겠다고.
나 혼자 살기 바쁜 사회일지라도 이 순간 내가 살아 있음에 이바지해 준 이들을 곱씹으며 나도 누군가의 생에 보탬과 배려를 더해야겠다고.

6장

**'청춘은
젊음이기만 할까?'**

청춘이란 단어를 떠올리며 오직 젊은 날의 회상만 가득했던 이야기 속에서 난 문득 할머니, 할아버지께 질문을 드리고 싶었다. 청춘은 젊음이기만 한 거냐고 말이다.

둘째 할머니, 이녹희의 인터뷰

나　　　보통 저희 나이 또래를 보시고 청춘이라고 하시잖아요. 청춘이라는 게 과연 뭘까요?

둘째 할머니　　젊음을 청춘이라고 하지 뭐.

나　　　젊음이 청춘이다?

둘째 할머니　　젊음을 내보이는 거 아니야? 사실 난 나가서 친한 사람들이랑 지낼 때 아직도 내 나이가 믿기지 않고 그냥 청춘 같아. 근데 집에 와서 혼자 있을 땐 내 모습이 노인처럼 느껴져.

나　　　근데 가끔씩 나이가 드신 분들께도 누군가는 청춘이라는 표현을 쓰잖아요. 그런 경우는 뭐라고 생각하세요? 젊게 사는 걸 청춘이라고 부르는 걸까요?

둘째 할머니　　그렇지. 젊음이라는 건 표현하자면 건둥건둥 뛰어다니는 거야. 누가 있거나 없거나 소리 지르고 노래 부르고 그러는 거, 그게 청춘인 것 같아. 젊음이라는 게 그런 거야.

둘째 녹희 할머니의 말씀으로 청춘은 젊음을 내보이는 것, 그리고 정해진 것 없이 노래를 부르며 건둥건둥 뛰어 다니는 것.

난 녹희 할머니만의 표현 방식이 참 좋다. 그녀를 보면 꼭 자유로운 꾀꼬리 같아 보는 사람도 웃음을 짓게 된다. 그런 의미에서 둘째 할머니만의 청춘은 참 자유로워 보였다. 할머니는 인터뷰를 하시면서 자신이 생각하는 청춘으로 가사도 없는 노래를 흥얼거리셨다. 가끔씩 나오는 가사는 당신을 만나 참 좋다, 눈앞의 핀 찔레꽃이 참 예쁘다, 여러분 모두 반갑다- 이런 희망찬 가사들이었는데 나는 여기서 할머니의 청춘을 봤다. 내가 모르는 할머니의 생물학적으로 젊으셨을 때의 청춘 말고 이미 나의 할머니가 되고 나서의 청춘을 말이다. 모순적이지만 나에게 할머니는 한 번도 청춘이 아니셨던 적이 없었다. 사랑하는 것. 사랑을 돌보는 것. 가끔은 사랑을 거부하고 미워하는 그 모든 모습들을 나는 기억한다. 그렇기에 여전히 찔레꽃이 아름답고 당신들이 반갑고 좋다는 노래를 춤과 함께 흥얼거리시는 할머니의 모습을 보며 거기서 나는 청춘을 떠올린다. 정확히는 '청춘 할매'라 부를 수 있을 것 같다.

여전히 낭랑 18세처럼 활짝 핀 찔레꽃을 좋아하고 사람들을 만나 울고 웃기를 좋아하는 할머니.

그녀의 삶에 '아직도, 여전히'라는 단어보다 '선명함'이라는 단어가 더 어울린다.

그렇기에 이녹희 할머니의 삶은 앞으로도 내내 선명할 것이다. 마치 붉은 찔레꽃처럼.

셋째 할머니, 이선희의 인터뷰

나　　제가 가끔 할머니들이랑 할아버지께 청춘 같으시다고 하잖아요. 청춘이라는 게 무엇이라고 생각하시는지 궁금해요.

셋째 할머니　　청춘은 젊음이지. 희망이고.

나　　기분 좋아지는 단어들이네요. 그럼 가장 젊고 희망찼을 때는 언제라고 생각하세요?

셋째 할머니　　40대 때? 40대인 것 같다.

나　　가장 희망차셨을 때를 말씀하신 거예요?

셋째 할머니　　그렇지. 아이들도 건강하게 자라고 여유롭고 뭐든 할 수 있을 것 같았어.

나는 그때가 내 청춘이었던 것 같아.

셋째 선희 할머니는 청춘은 젊음과 희망이라고 하셨다.

나에겐 희망이라는 단어가 유독 인상적이게 다가왔는데 할머니에게 희망의 시간은 40대 때였던 것 같다. 늦둥이 둘째가 태어나 출산의 기쁨을 느끼는 동시에 모든 것들이 여유롭고 뭐든 해낼 수 있을 것만 같았던 시절. 그때가 할머니에겐 청춘의 시절이었던 듯하다.

사실 나는 할머니의 이야기를 듣고 녹희 할머니 때와는 다른 느낌을 받았다. 청춘은 희망이라고, 젊음이라고 말씀하셨는데 그때가 바로 40대였던 것. '청춘의 상대성'에 대해 다시 한번 떠올릴 수 있었던 시간이라 생각했다. 누군가는 10대와 20대의 시절을 한창 청춘일 때라 부르는데 할머니의 청춘은 고민도 없이 대다수의 사람들이 중년이라 부르는 시절이었다. 청춘은 꼭 젊어야 하냐고 여쭤보고 싶었던 나는 셋째 선희 할머니의 답변으로 궁금증을 해소시킬 수 있었다. 할머니는 그날, 그 순간이 좋으면 나이나 상황에 상관없이 그때가 청춘이라 생각하시는 분이셨다. 그래서 나도 다시는 돌아오지 않을 이 순간이 청춘이 지나가며 없어지는 것이라고 생각하지 않기로 했다. 청춘은 할머니 말씀처럼 언제든 찾아올 수 있고 언제까지나 맞이할 수 있기 때문이다. 어쩌면 사람은 죽는 그 순간까지 청춘일지도 모른다. 인생의 노년기를 누군가는 저물어가는 태양이라 부르지만 나는 그런 말에 이렇게 반문해 본다.

저물어가는 태양이 있다면 그 자리로 다시 떠오르는 달도 있지 않나?

다소 억지스럽다 생각할 수 있지만 나는 정말로 이렇게 반문해 보고 싶다. 밝게 빛나는 건 태양만이 아니다. 어리숙했고 한없이 뜨거웠던 젊은 날의 청춘을 태양으로 표현한다면 다시 태양의 자리로 떠오르는 달은 삶의 연륜이 찬 청춘을 뜻한다고 생각한다. 그런 의미에서 우리는 죽을 때까지 청춘일 것이다. 푸를청에 봄춘이 뭐 그렇게 대단하다고. 푸를청에 겨울 동도 우린 맞이하고 인정할 줄 알아야 한다. 인생의 끝은 내가 죽는 그 순간일 뿐, 나이가 드는 것을 노을처럼 저물어간다고 표현하기엔 우리 생은 정말 아름답다. 그 아름다운 순간이 한낱 비유에 쓰러지지 않길 바랄 뿐이다.

그렇기에 선희 할머니의 오늘은 청춘이다. 그리고 내일도 청춘이 될 수 있다.

그리고...
여러분의 과거와 오늘, 내일 또한 청춘이다.

막내 할아버지, 이은승의 인터뷰

나   청춘이라는 건 무엇이라고 생각하세요?

막내 할아버지   청춘이라는 거?

나   네.

막내 할아버지   청춘…. 글쎄, 난 청춘이라는 느낌을 느껴보질 못한 것 같아.

나   왜 못 느껴보신 것 같으세요?

막내 할아버지   그냥 살아가는 데 바빠서. 여유가 없었어서 청춘을 생각해 볼 틈이 없었어. 근데 굳이 말하자면 즐겁게 사는 게 청춘 아냐? 난 그런 것 같아.

나   즐겁게 사는 거, 그렇죠.

막내 할아버지   나 즐겁게 사는 것. 젊었을 적에 그러면 더 좋겠지만 나 즐겁게 사는 게 청춘이지 뭐. 근데 이것도 어느 정도 돈의 여유가 필요하다는 생각이 들어. 내 생각이 틀릴 수도 있지만 그래야 무슨 일이 생겨도 다시 일어나서 다시 즐거운 삶을 살기가 쉽잖아.

막내 은승 할아버지의 청춘은 즐겁게 살기였다.

앞에 두 분이 청춘은 젊음이라고 말씀하실 때 막내 할아버지는 한 치의 망설임도 없이 청춘은 즐겁게 사는 것이라고 대답하셨다. 나는 이럴 때마다 인터뷰를 하길 잘했다는 생각에 빠지고는 한다. 질문의 답변 속에서 할머니, 할아버지의 신념이나 가치관이 그대로 드러나기 때문이다. 그런 의미에서 할아버지는 지금 이 시대에 태어나셨다면 **YOLO(현재 자신의 행복을 가장 중시하고 소비하는 태도를 이르는 말)** 인생을 사시지 않으셨을까 가끔 상상해 보곤 한다. 할아버지는 답변의 뒷말로 돈의 중요성과 필요성에 대해 언급하셨는데 나는 그 말을 막연히 부정할 수 없어 그의 이야기를 천천히 곱씹을 수밖에 없었다. 돈이 쓰러진 사람을 일으켜 주고, 돈이 다시 즐겁게 살 수 있도록 도와준다는 이야기. 그래서 얘기를 듣다가 회의감이 찾아오기도 했었다. 돈이 뭐길래 한 사람의 청춘을 멈추게 하고 느끼지 못하게 만들기도 할까. 세상은 돈으로만 움직이는 것인가. 그렇진 않은 것 같은데. 내가 세상 물정을 마냥 모르는 것일까?

여러 생각들을 하다 보니 결론이 나왔다. 세상은 때론 보이지 않는 검은 손과 보이지 않는 하얀 손으로 인해 주물러지는 것 같다. 돈과 명예에 의해 제 멋대로 검게 물드는 경우도 많지만 그걸 막는 하얀 손이 사랑과 희망을 삶이라는 캔버스에 덧칠하기도 한다. 가까이서 보면 검은 손과 하얀 손의 불협화음처럼 보일 수 있으나 나는 인생에서 어두운 색과 밝은 색의 조화가 이루어져야만 비로소 무언가를 알아차릴 수 있고, 비로소 '나만의 인생'이라는 좋은 작품이 나올 수 있다고 생각한다. 그래서 할아버지의 이야기를 듣고 인생의 검은 면과 밝은 면을 동시에 보았다. 돈이 있어야 청춘도 느낄 수 있다는 그 검은 면과 그래도 인생은 즐겁게 사는 것, 바로 그게 청춘이라는 밝은 면이 이 대화에서 불협화음처럼 뒤섞여 인간의 엉망진창이지만 아름다운 모순을 보여주었다.

그 아름다움과 함께, 옆에 자신의 소중한 사랑을 태우고 전국을 여행하시는 할아버지의 지금이야말로 청춘의 재시작이지 않을까? 인생이란 아름다운 여행의 드라이버, 은승 할아버지의 시간을 나는 아주 오랫동안 곱씹어 보았다.

첫째 할머니, 이명희의 인터뷰

나　　제가 가끔 할머니들께 청춘 할매 같다 이런 이야기들을 하잖아요.

첫째 할머니　　응, 응.

나　　그렇다면 할머니가 생각하시는 청춘이라는 건 무엇일까요?

첫째 할머니　　**청춘이라는 거?**

나　　**네.**

첫째 할머니　　**나는 겉모냥(모양)이 예쁘기보다 정신적으로 젊게 사는 게 청춘인 것 같아. 공부하고 노력하고. 그러니까 육체적인 걸 떠나서 정신적인 걸 중요시해야 진정한 청춘을 즐길 수 있지 않을까 싶어.**

　할머니께 청춘을 여쭤 보며 나는 4년 전 고등학교 3학년일 때가 생각났다. 입시와 학업으로 인해 너무 지쳤던 가을. 일찌감치 친가에서 추석을 보내다 엄마와 다시 집으로 돌아왔을 때 우리 집엔 첫째 명희 할머니가 계셨다. 이런저런 얘기를 하면서 그때도 명희 할머니는 사람 됨됨이가 중요한 것이라며 사람이 사람다워야 한다는 말씀을 하시며 나를 위로해 주셨다. 학업도 중요하지만 그것보단 마음이 건강하고 예뻐야 한다고. 그 이야기를 들으며 나는 그해 가을과 겨울을 무사히 이겨낼 수 있었는데 그때 들었던 생각은 할머니가 참 젊게 생각하시고 사신다는 것이었다. 그리고 그 생각은 지금 이 인터뷰에서도 변함이 없었다. 벼가 익어 갈수록 고개를 숙이는 것처럼 시간이 지나 할머니의 등은 한껏 더 구부러지셨지만 말이다.

난 그 모습이 꼭 지혜가 잔뜩 익어 버린 것만 같다고 생각했다. 그 모습을 보며 우리의 육체가 세월에 관통되어도 정신은 얼마나 건강히 익어야 하는지 되뇌곤 한다. 익는다는 건 철이 지난다는 표현이 아니다. 정신이 익는 건 무언가 이치나 삶의 규칙을 깨닫는 걸 표현하는 것이다. 첫째 할머니의 청춘에 대한 말씀대로라면 할머니 자신 또한 잔뜩 익어 가는 청춘이나 다름없었다.

겉모양새가 아닌 마음의 속 모양새를 열심히 다듬은 사람이 바로 첫째 명희 할머니란 생각을 해 본다. 청춘을 다듬는 조각가. 평생 삶의 표면을 정성 어리게 깎아 다듬은 그녀의 구부러진 모습은 꼭 작은 철학자, 작은 거인의 모습과도 같았다. 그 모양새를 보며 나는 생의 어느 부분을 깎고 다듬고 칠해야 하는지 고뇌해 본다.

이제 매끈해진 조각을 보며 할머니는 아직도 다듬을 부분이 많다고, 삶은 어렵고 인간으로 태어난 건 참 희한하고 때론 벅찬 일이라 말씀하셨다. 나는 그 모습을 보며 인간이란 죽을 때까지 청춘을 다듬는 조각가의 숙명을 가지고 가야 한다는 생각을 했다. 타인의 눈으로 보기에 명작인 삶도 자기 자신의 시선에선 언제나 부족할 수 있다는 것. 그런 겸손함이 삶을 아름답고 때론 뜨겁게 만들어 주는 것이 아닐까.

7장

'침을 뱉어도 가만히 있는 바위가 되고 싶어.'

인터뷰를 하며 모든 이들에게 살고자 하는 끈기를 봤지만 동시에 고달픈 인간으로 다시 태어나길 바라지 않는 이들도 있었다. 나는 그들의 삶의 회환을 본능적으로 느꼈다.

둘째 할머니, 이녹희의 인터뷰

나   할머니는 다시 태어나고 싶으세요?

둘째 할머니   다시 태어나고 싶지 않아.

나   왜요?

둘째 할머니   그냥... 믿는 종교 때문도 있지만 태어날 적부터가 안 좋은 일이 반인 것 같아. 아니, 안 좋은 일이 더 많은 것 같아.

나   그럼 만약에라도 다시 태어나면 무엇으로 태어나고 싶으세요?

둘째 할머니   (곧바로) 남자로 태어나지. 인간으로.

나   왜 인간으로?

둘째 할머니   인간으로 태어나서 하고 싶은 거, 못한 거 다 해 보고 싶어. 못한 게 억울해. 돈 벌어서 막 남도 퍼주고- 아낌없이 주고 싶어. 사람들이 나 때문에 엄청 좋아하는 걸 보고 싶어. 지금도 그 마음이야. 내가 누굴 주고 싶어 하는 마음이 항상 있어.

나   왜 항상 주고 싶으신 것 같아요?

둘째 할머니   그러니까 어렸을 적에 풍족하게 자랐는데 자라는 과정에서 돈 버느라고 힘들었거든. 내가 돈 벌어 놓고 내 돈을 실컷 써 보지 못해서 그래서 그런 것 같아.

나   그럼, 어느 한 시절로 할머니가 돌아갈 수 있다면 그 시절은 언제이고, 또 돌아가서 그때의 할머니 자신에게 뭐라고 말하고 싶으세요?

둘째 할머니   내가 과거로 돌아가면... 녹희야, 너는 용감해. 행복하게 살 수 있어. 행복하다. 지금은 행복하다- 이렇게 말하고 싶어. 네다

> 섯 살 때로 돌아가서 말하고 싶어. 너는 동생들도 있고 부모님도 다 있고, 하나도 부족함이 살 수가 있어, 너는. 이러고 싶어.
>
> 녹희야, 너는 용감해. 행복하게 살 수 있어.

속으로 계속 곱씹어 보던 말. 씹으면 씹을수록 고소하면서도 쌉싸름했던 당신 자신을 향한 편지. 놀랍게도 둘째 할머니는 다른 분들과는 다르게 자연물이 되고 싶어 하지 않으셨다. 질문에 곧바로 인간인 남자로 태어나 모든 사람들에게 마음껏 베풀고 나눠 주고 싶다며 사람들이 자신 때문에 너무 좋아 방방 뛰는 걸 보고 싶다고 하셨다. 할머니는 그 이유로 자라며 내 돈을 마음껏 써 보지 못해서라고 대답하셨지만, 나는 여기서 오히려 남에게 베풀고 남이 자신 때문에 행복해하는 모습을 보는 걸 좋아하는 할머니의 천성 때문이란 생각이 들었다. 나는 외할머니와 자라면서 항상 반찬 심부름꾼이었다. 내가 할머니의 허리 반을 조금 넘었을 때, 우린 아파트 7층에 살았었다. 그때 둘째 할머니의 낙은 반찬을 아주 많이 해서 우리에게 관심과 도움을 주는 여러 이웃들에게 나눠 주는 것이었다. 6층 할머니, 8층 할머니, 10층 아주머니, 12층 아주머니, 옆 동과 윗동 아주머니와 할머니들. 모두 기억난다. 외할아버지가 돌아가시고 둘째 이녹희 할머니마저 암으로 수술을 받으셔야 했을 때 돌아가며 우리 집에 오셔서 아침과 점심을 차려 주고 가셨던 기억. 그리고 기꺼이 사랑과 보살핌을 행해 주셨던 기억. 어린 시절의 나는 다 기억한다. 그래서 할머니의 저 말씀이 이

해가 간다. 다시 인간으로 태어나 마음껏 다 주면서 살고 싶다는 말씀이, 뭔지 얼추 알 것 같다.

그리고 네다섯 살 때의 자신에게 하는 말씀도 난 왜인지 들으면서도 고개를 끄덕였다. **녹희야, 너는 용감해. 행복하게 살 수 있어. 행복하다. 지금은 행복하다~ 이렇게 말하고 싶어. 네다섯 살 때로 돌아가서 말하고 싶어. 너는 동생들도 있고 부모님도 다 있고, 하나도 부족함이 살 수가 있어.** 자기 자신에게 하는 일종의 최면과도 같은 편지. 살아오면서 내가 본 둘째 할머니, 이녹희 여사는 그 누구보다 용감한 사람이었고 지금 또한 그렇다. 나에게는 언제 어디서든 영웅 같았던 한 사람. 그렇지만 그 큰 용감을 부릴 수 있을 만큼 겁도 많은 사람. 그래서 속으로 나 자신에게 쓰는 편지처럼 나는 잘할 수 있다. 나는 용감하고 행복하다~ 되뇌는 사람. 나는 그를 보며 시간이 흐르고 그의 부모님은 다른 세계로 돌아가셨지만, 여전히 곁에 있는 형제들과 그가 맺은 모든 인연들로 하여금 자신의 생이 지금도 행복과 대담함으로 꽉 차 있다는 것을 알아주시길, 간절히 바랐다.

행복하다···. 지금, 행복하다!

셋째 할머니, 이선희의 인터뷰

나   만약에 다시 태어날 수 있다면 어떤 걸로 태어나고 싶으세요?

셋째 할머니   나는 새가 되고 싶어. (웃음)

나   왜요?

셋째 할머니   그냥 날아다니고 싶어. 훨훨. 나 가고 싶은 대로, 내 맘대로. 자유롭게.

나   그러면 어느 한 시절로 돌아갈 수 있게 되었다고 했을 때 어떤 시절로 돌아가고 싶으세요?

셋째 할머니   그냥 초등학교 들어갈 때로 돌아가서 인생을 다시 시작하고 싶어.

나   이유가 뭘까요?

셋째 할머니   인생을 다시 시작하려면 그때여야 할 것 같고. 그때 더 노력하면 꿈을 이룰 수 있을 것 같아. 내가 한 번 살아온 인생이니까 다시 한번 산다면 내가 하고자 하는 걸 더 잘할 수 있을 것 같아. 더 좋게.

나   그러면 그때 초등학교 입학할 때의 자신에게 말할 수 있다면 뭐라고 말씀하시고 싶으세요?

셋째 할머니   나를, 내가 다시 만나면... 고생했다. 인생 사느냐고 고생했다. 다시 시작해 보렴. (웃음) 다시 시작하면 멋지게 살 수 있을 것 같아. 하고 싶은 거 하고.

셋째 선희 할머니의 후생에 대한 바람은 '새'가 되는 것이었다.

언젠가 드라마 〈우리들의 블루스〉를 보면서 이병헌 배우가 자신의 엄마인 김혜자 배우에게 죽으면 다시 무엇으로 태어나고 싶은지, 새나 나무로, 또는 바위로 태어나고 싶냐고 물었던 장면이 기억난다. 보면서 우리의 할아버지 할머니들은 왜 비슷한 말씀들을 하실까 생각했는데, 인터뷰를 거의 끝내가며 어렴풋이 알 것도 같았다. 그들이 살아온 생들은 지켜야 할 둥지가 너무 많았던 것 같다. 날아가기보단 둥지를 만들어 지켜야 할 의무를 강조했던 시대이지 않았을까. 그래서 다음 생이 있다면 그냥 날아가고 싶은 것 아닐까. 그곳이 어디든, 창공을 가르며 깃털에 닿는 찬바람을 등에 태워 훨훨- 날아가는 새. 셋째 할머니는 새가 되고 싶다며 호탕하게 웃으셨지만 나는 그 웃음에 여러 아쉬움들과 지난 고달픔들을 엿보았다. 하지만 그의 인생에서 안쓰러움을 느끼려 하지 않았다. 모든 생명의 탄생은 찬란하고 때로는 때를 잘못 만나 세차게 슬프기도 하니까. 생의 한 면만 보고 들어 당신의 인생은 안타깝고 아쉬움만이 가득하다고 말할 수 없다. 열심히 살아남으려 노력한 사람에게, 신도 당신의 생은 안타깝고 아쉽다고 단정 지을 순 없을 것이다. 신 또한 망설일 일을 나는 그녀와의 소중한 대화에서 감히 하고 싶지 않았다. 그래서 그저 들었다. 선희 할머니가 자신에게 말하는 편지와 한 시절로 돌아가서 하고픈 것들을, 그저 들어보았다. 그리고 함부로 힘든 인생 사시느냐고 고생하셨다는 말씀도 드리지 않았다. 그의 인생을 파노라마처럼 다 훑어 본 내가 아니지만, 나는 할머니의 인생이 지금도 멋지게 흘러가고 있다고 생각하기에.

막내 할아버지, 이은승의 인터뷰

나   사람이 죽고 다시 태어날 수 있는데, 다시 태어나시고 싶으신가 여쭤 보고 싶어요.

막내 할아버지   아- 나는 태어나고 싶지 않은데, 음...

나   혹시 이유가 어떻게 되세요?

막내 할아버지   그냥 저기, 그냥 자연에서 새로 태어나고 싶어. 태어난다면. 훨훨 날아다닐 수 있으니까. 자유로운 게 좋으니까.

나   그럼 어느 한 시절로 돌아갈 수 있다면 언제로 돌아가고 싶으세요?

막내 할아버지   처음부터 다시 시작하고 싶어. 태어나면서부터.

나   왜요?

막내 할아버지   지금 배운 기술이 없으니까. 너무 답답해서.

나   그러면 그때로 돌아가게 된다면 자신에게 해 주고 싶은 말씀은 있을까요?

막내 할아버지   한눈팔지 말고 열심히 살아라.

할아버지의 말씀은 어느 인터뷰 속에서든 나를 콕콕 찔렀다.

그게 때론 따끔거리며 아프기도 했는데 이 인터뷰 질문에서 유독 자주 쓰라렸던 것 같다. 그만큼 그의 인생도 자주 따끔거렸다는 거겠지. 다시 태어나고 싶냐는 질문에 고개를 저었던 할아버지. 그러나 왜인지 잠시 생각하시다가 태어나고 싶은 이유를 말씀하시는 대신 자연 속을 누비는 새가 되어 자유롭게 날고 싶다고 말씀하셨다. 다시 인간으로 고생하고 싶지 않으신 마음과 더불어 그래도 멍줄을 맺고 새끼줄 꼬며 살아보고 싶은 인간의 욕심이 보였던 인터뷰였다. 나는 그래서 할아버지와의 인터뷰가 참 좋았다. 솔직하고 담백할뿐더러 너무나 인간적이어서.

할아버지는 자신을 '실패한 인간상'으로 표현하셨지만 나는 이 자리를 빌려 '실패를 경험해 본 인간'으로 그가 가진 인생의 매무새를 다듬어 드리고 싶다. 은승 할아버지는 어떻게 보실지 모르겠지만 자신이 생각하기에 한눈판 인생일지라도 아름답기는 매한가지라는 걸 이 어린 인간이 말씀 올리고자 한다. 인간은 대체로 자기 자신에게 박하니까. 그래서 난 한눈팔지 말고 열심히 살라는 할아버지의 편지에서 딱 한마디로 간추려 말씀드리고 싶다. 또, 감히 그의 인생을 인정하고 싶다.

열심히 사셨습니다.

첫째 할머니, 이명희의 인터뷰

나 다음 생이 있다면, 다시 사람의 삶을 살고 싶으세요?

첫째 할머니 아니. 아니. 난 다시 태어난다면 바위에 내 혼이 있으면 좋겠어. 큰 바위. 엄청난 바위에. 난 바위가 가장 좋아 어쩜 남이 침을 뱉어도 가만있고 가서 앉아도 가만있고 때려도 가만있고, 응? 그것도 비 오면 흙을 뒤집어써도 다시 씻기고. 거기 넋이 있다면 거기 들어가고 싶어. 바위가 되고 싶어. 바위나 산을 좋아하는 게, 암만 거기다 큰 비밀을 얘기해도 새어 나가지도 않고. 그치? 누가 뭐래도 달라지지 않고 그게 그렇게 너무 좋아. 절대 인간으로 태어나고 싶진 않아.

나 절대 인간으로 태어나고 싶지 않은 이유는요?

첫째 할머니 인간으로 태어나서 아무것도 해놓은 게 없는 거 같아. 그게 사람이 뭐라도 해놓았으면 내가 누구를 기가 맥히게 잘 키워 놨다든지? 응? 나로 인해서 누가 행복했다든지 그런 게 있어야 하는데 인간으로 태어나서 일만 일만 하고 속만 속만 썩이고 남 흉만, 흉만 보고 떠나는 것뿐이 더 있어 인간이. 그니까 인간은 절대로 싫어. 내 다른 동물들은 다 그 생을 보면 생명부지하기 위해서 고생하더라구. 나비가 아름다워 보여도 꽃 찾아다니고, 새가 그렇게 하늘을 항공을 자유롭게 날아다닌다 생각해도 먹이를 찾으러 다니는 거구. 그래서 바위나 산이 되고 싶어.

나   그럼 어느 시절로 돌아갈 수 있다면 어떤 때로 돌아가고 싶으세요?

첫째 할머니   음... 나는 중고등학교 때로.

나   왜일까요?

첫째 할머니   아주 아주, 열심히 독학해서라도 공부를 많이 하고 싶어.

나   꿈을 위해서일까요?

첫째 할머니   응, 응. 못 배운 게 한이지. 가장 머리 좋은 여자로 태어나서 어떤 박사가 되었으면 좋겠어. (웃음)

나   그러면 그때의 중고등학생 때 할머니로 돌아갈 수 있다면 뭐라고 말씀하시고 싶으세요?

첫째 할머니   나한테?

나   네, 할머니 자신에게.

첫째 할머니   열심히 살아라, 이거지 뭐. 괜히 흔들번들 놀지 말고. 조금도 헛되이 살지 말고.

나는 할머니의 마음을 모른다.

그 누구도 모르겠지.

다시 태어나도 인간으로 태어나고 싶냐는 물음에 태어난다는 행위조차도 바라지 않는 한 인간의 마음을 난 곧 죽어도 모른다. 소리를 지르며 탄생통을 겪어야만 하는 시절을 바라지 않는 사람의 마음은 무엇일까 생각해 보았다. 그저 바위가 되어 누군가 침을 뱉어도 가만히, 욕을 해도 가만히 견디는 삶을 살고 싶으시다는 건 의외였다. 평생을 견디는 삶을 사셨다고 단정 지었던 지난 사고들이 무용지물이 되어 무안할 정도였다. 할머니는 인간이 어쩌면 인간으로서 유일하게 할 수 있는 것들, 누군가에 대한 험담이나 비밀을 옮기는 일들을 거부하셨다. 그의 삶을 향한 사유에선 이미 오래된 숲의 향이 지긋이 났는데 할머니는 숲의 일부가 되고 싶어 하신다. 인간은 슬픔을 공유하고, 공유하다 못해 옮기고 때론 비밀스런 남의 슬픔을 함부로 발설하는 실수를 저지른다. 그러다 싸우고, 화해하고 부둥켜안는다. 그런데 이런 과정이 첫째 할머니에겐 끝없는 어리석음의 시발점으로 느껴지지 않았을까 싶다. 당신에게 흙이 묻어도 빗물에 깨끗이 씻겨나가고, 흠이 생겨도 가만있고, 누군가 때려서 아파도 그냥 가만히 있는 바위. 침을 뱉고 때려도 가만히 넋으로 그 자리에 사시사철 존재하는 바위의 삶이라.... 덤덤히 자신의 바람을 이야기하는 큰 바위의 눈동자를 문득, 바라볼 수 없었다. 흘릴 눈물이 차고 넘쳤을뿐더러 그 눈물을 만들고 보여 드리고 싶지 않았기 때문에. 그리고 내가 왜 눈물이 나는지 알 수 없었기 때문에. 영문 모를 눈물은 목에 턱 하니 걸린 가래처럼 또는 올라오는 위산처럼 역류했다. 한참을, 아주 한참을 우린 서로 마주보고 인간 대 인간으로서 바위의 삶을 그려냈다.

8장

어느 한 시절로 돌아간다면? 그리고, 다시 '나'

나의 다람쥐 친구들은 모두가 삶이라는 문학의 집필자였다.

둘째 할머니, 이녹희의 마지막 인터뷰

나   그럼, 어느 한 시절로 할머니가 돌아갈 수 있으시다면 그 시절은 언제이고, 또 돌아가서 그때의 할머니 자신에게 뭐라고 말씀하시고 싶으세요?

둘째 할머니   내가 과거로 돌아가면... 녹희야, 너는 용감해. 행복하게 살 수 있어. 행복하다. 지금은 행복하다- 이렇게 말하고 싶어. 네다섯 살 때로 돌아가서 말하고 싶어. 너는 동생들도 있고 부모님도 다 있고, 하나도 부족함 없이 살 수가 있어. 나는 이렇게 말하고 싶어.

나   그렇구나. 그럼 이제 마지막으로 다시 한번 자기소개를 하고자 한다면?

둘째 할머니   멋지게 신영지웰(아파트)에 사는 멋-진 이녹희입니다! (웃음) 항상 멋졌으면 좋겠어. 누가 쳐다볼 정도로. 그래서 옷도 흔히 입는 옷이 아니라 남은 흉볼지 몰라도 눈에 띄고 싶어서 특이한 옷을 입어. 관심 받고 싶어서.

이 인터뷰를 하며 꼭 물어봐야겠다고 생각했고, 물어보고 싶었던 질문이 이것이었다. '언제'로 돌아가고 싶으시고, 돌아가서 자신에게 '뭐라고' 말씀하고 싶으시냐고. 그 답변이 유독 기대되던 둘째 녹희 할머니. 할머니는 인터뷰 내내, 책을 집필하는 내내 꾸준히 관심을 가져 주셨던 분 중 한 분이셨다. 그만큼 자신의 이야기를 다른 누군가에게 전하고 싶으셨던 분이라 생각한다. 인터뷰 마지막까지 할머니는 재잘재잘, 수다쟁이 다람쥐 같았고 상큼한 바람 같은 청소년기 소녀의 모습을 하고 계셨다. 이제 그 시간도 끝으로- 마지막 질문을 하며 남몰래 속으로 울고, 또 소리 내 웃었던 나를 떠올리고, 그 모습을 함께 나눈 할머니의 꾀꼬리 같은 목소리를 떠올려 본다.

인터뷰에서도 보이듯이 녹희 할머니에겐 정말 다시 돌아갈 수 있는 시절과 나이보다 그때로 가서 하고 싶은 말들이 더 중요해 보였다.

'녹희야, 너는 용감해. 행복하게 살 수 있어. 행복하다. 지금은 행복하다- 이렇게 말하고 싶어. 네다섯 살 때로 돌아가서 말하고 싶어. 너는 동생들도 있고 부모님도 다 있고, 하나도 부족함이 없이 살 수가 있어.'

네다섯 살짜리의 어린이가 무엇을 알아 저 말씀을 전하고 싶다 하실까. 그저 이 한세월 고생하며 때로는 이 삶이 마냥 불행하다고 부정했을 그때의 젊음에게 하고 싶은 말이었음을 나는, 감히 예측해 본다. 난 용감해. 난 행복하게 살 수 있어. 행복하다, 행복하다- 주문을 걸어 봐. 너는 동생들도 있고 부모님도 계시잖아. 부족함 하나 없이 살 수 있어. 할머니가 지금의 자신에게도 거는 환희의 주문. 이 말 외로 더 이상 어떤 미사여구가 필요하단 말인가. 이미 그녀의 삶이 아스라이 아리따운 미사여구 그 자체인데.

이렇게 멋있는 삶의 인터뷰를 끝맺는다는 게 무척이나 아쉽지만 아쉬울 때 맺는 일도 이 다람쥐 친구들이 나에게 알려 준 인생 조언임을 안다. 맨 첫 장의 자기소개 편에서 첫 주자였던 녹희 할머니의 자기소개를 기억하실는지 모르겠다. '마이 네임 이즈 이녹희. 신영지웰에 삽니다.' 이 독특하고도 당찬 소개를 나는 잊을 수가 없다. 나는 나고, 그저 그뿐이다. 가끔 무너지던 나에게 해 주셨던 말씀이 할머니의 자기소개에서도 빛이 났다. 그것만으로도 충분히 멋졌던 소개는 할머니의 더 당차진 목소리와 함께 완벽하게 이 인터뷰의 막을 내려 주었다. 사랑스럽고, 한없이 당당했던 당신의 목소리, 이름 석 자 한마디로 소개해도 누군지 알 것만 같았던 그 담대함을 난 영원히 기억할 것이다.

'당신은 멋지게 신영지웰에 사는 멋-진 이녹희입니다!'

셋째 할머니, 이선희의 마지막 인터뷰

나   그러면 제가 처음에 여쭤봤던 게 자기소개 해 달라고 말씀드렸잖아요. 마지막으로 다시 자기소개 해 주실 수 있으실까요?

셋째 할머니   그때 내가 어떻게 소개했는지 모르겠는데, 어... 나는 이선희이고, 지금은 시호(손녀) 할머니가 되었는데 남은 인생이지만 멋진 할머니가 되고 싶어. 그래서 노력하고 있어. 최대한 멋지게 살고 싶다 남은 인생!

    이 프로젝트의 처음처럼 다시 한번 나를 소개하는 자리.

    셋째 선희 할머니는 마지막 인터뷰가 되어서 처음으로 자신의 이름 석 자를 말씀하셨다. 처음 자기소개 때 자신을 들판에 핀 들꽃으로 소개하셨던 시간이 생각난다. 그저 바람 부는 대로 몸을 맡기며 살아왔다던 그의 눈엔 삶의 회환이 담겨 있었다. 그 촉촉했던 눈빛을 잊지 못한 채 다시 요청했던 마지막 자기소개는 나에게 반가움으로 다가왔다. 처음으로 자신의 이름을 소개한 것, 그리고 자신에게 부여된 또 다른 역할을 잘 수행하며 살아가고픈 마음, 앞으로의 인생에 대한 긍정의 바람. 모두 인터뷰어인 나에게 반가운 것들이었다.

    인간은 태어날 때 탄생통을 겪어 울면서 자신의 존재를 알린다고 한다. 축축하고 따스했던 그리고 어두웠던 어머니의 뱃속에서 태어나 춥고 밝은 세상으로 나왔을 때의 두려움과 어색함을 온 몸으로 울며 표현하는 갓난쟁이. 그때의 갓난쟁이는 나 자신 하나 챙기기도 바빠 오히려 여러 사람들에게 챙김을 받으며 살아가다 누군가의 배우자가 되었고 그리고 누군가의 어머니가 되었다. 그리고 이젠 갓난쟁이였던 시절이 기억나지 않을 만큼 세월이 흐르고 흘러 누군가의 할머니가 되었다. 이젠 누군가의 탄생통을 바라보며 어르고 달래 주어야 하는 어른이 되어 버렸다. 그렇지만 난 그 모든 책임과 수고스러움을 견디는 것 자체를 멋진 일로 생각하는 이 청춘 할매에게 존경스러움을 느꼈다. 인생을 살면서 탄생통을 매번 겪었음에도 이번에도 기꺼이 다가온 삶에 퐁당 빠진 그를 보며 나는 무턱대고, 앞으로도 선희 할머니가 멋지게 사실 수 있을 거란 생각을 했다. 최대한 멋지게 사실 수 있을 거란 확신에 가득 찼다.

'인생 최대한 멋지게 살고 계십니다!'

막내 할아버지, 이은승의 마지막 인터뷰

나   그럼 처음 질문이 자기소개였는데, 마지막도 자기소개예요. 어떻게 소개하고 싶으세요?

막내 할아버지   나를 소개한다면? 음... 그냥, 좀 나는 진짜 죄가 많은 사람이다. 이렇게 생각해. 모든 면에서.
그래서 다른 사람에게 충고할 때도 죄를 많이 짓고 살지 마라- 이렇게 얘기하고 싶어.

막내 할아버지의 자기소개를 들으며 나는 많은 생각에 빠져들었다.

처음엔 인생에 아쉬움과 후회가 가득 차 있다는 생각이 들었지만 마지막 자기소개를 듣고 나선 오히려 다행스럽다는 생각이 들었다. 그렇게 말씀하신 게 옳고 마땅하다는 말이 아니다. 그동안 누군가에게도 제대로 전하지 못했을 속 깊은 이야기와 나 자신에게 바치는 편지를 이번 기회로 꺼내신 것 같아 다행스럽다는 생각이 들은 것이다. 사람들 중에선 자기 자신에게 유독 박하고, 또 죄책감과 후회로 삶에 대한 자신감이 덜한 사람들이 있다. 그리고 그 수는 생각보다 많을 것이라 생각한다. 나 또한 어느 시기엔 그렇게 지냈으니 말이다. 나는 이 인터뷰에서 가장 솔직한 사람으로 은승 할아버지를 꼽았다. 인간은 남에게 말할 때 자신이 손해 보지 않는 걸 말하는 본능 같은 것이 있다. 또, 자신의 어두운 면을 들키고 싶지 않아 하는 본능도 가지고 있다. 그런 모든 본능을 깨버리고 모든 것을 열어서 꺼내 보이시는 할아버지의 모습에서 나는 가장 인간의 인간다움을 발견했다.

인터뷰를 하면서 내내 든 궁금증은 '할아버지는 무슨 죄가 그렇게 많다고 하실까.'였다. 공부를 하지 못한 죄, 돈을 모으지 못한 죄, 인생을 낭비했다 생각하는 죄일까. 여태 할아버지의 이야기를 들으며 나는 무엇이 죄인지를 가늠조차 하지 못했다. 아니 안 했다는 말이 더 맞을 것 같다. 왜냐하면 그에게 필요한 건 후회와 자책, 꾸짖음이 아니라 삶을 향한 포옹과 토닥임처럼 보였기 때문에. 그래서 아주 개인적인 바람으로 이 마지막 인터뷰 파트를 읽으시며 할아버지가 이 조카 손녀의 어린 위로를 들어주셨으면 한다.

'할아버진 고운 인생을 살아오셨습니다. 이건 그 따뜻하신 마음씨에서도 엿볼 수 있었어요.'

첫째 할머니, 이명희의 마지막 인터뷰

나 다시 한번 자기소개를 하실 차례예요. 이제는 자기소개를 어떻게 하고 싶으세요?

첫째 할머니 내 소개를 뭐라고 해야 하지. 다른 사람은 어떻게 했니?

나 할머니가 처음에 소개하셨을 땐 자신을 억척 할머니라고 하셨어요.

첫째 할머니 아 아, 억척 할머니다?

나 네 네, 지금은 생각이 달라지셨을까요?

첫째 할머니 글쎄... 그래, 다르게 소개하고 싶어. 억척 할머니보단 그래도 점잖은 할머니가 낫지 않을까? 교양 있는 할머니. 지식인다운 할머니. 억척 할머니는 젊어서지. 지금은 절대 아니야. 난 지식인 할머니야.

첫째 할머니는 처음 시작 때 자신을 억척 할머니라고 소개하셨다. 억척스럽게 자신이 처음 산 땅을 보살피셨던 것처럼 자신의 인생도 갈고 때론 메꾸며 살아오셨다. 그러나 자신의 인생을 한 걸음 한 걸음 다시 내딛고 짚어 보았던 이 시간들의 마지막에선 말씀을 달리하시고 싶어 하셨다. 나는 이제 억척 할머니가 아니다. 정확히는 억척 할머니로만 불리고 싶어 하지 않으셨던 것 같다. 큰 토지만큼 큰 꿈을 꾸고 싶어 하셨고 공부를 놓고 싶지 않으셨던 명희 할머니. 들은 바론 할머니는 행정 기관의 행사에 자주 참여하셔서 그림을 그리시고 시를 쓰시고, 한글을 제대로 배우시지 못한 다른 노인 분들에게 도움을 주신다고 들었다. 나이가 드셔도 지식과 지혜를 놓지 않으려 하는 그 모습과 언제까지나 지식인 할머니로 기억되고 싶어 하는 그 마음이 나는 참으로 젊다고 생각했다.

 인터뷰를 기획하면서 가장 바라왔던 게 이런 변화였다. 처음엔 수동적인 개인으로서 인터뷰어에 의해 자신의 삶을 털어놓으나 마지막에 가선 자주적인 자아로 자신을 당당히 소개할 수 있는, 기억되고 꿈꿔 온 대로 소개할 수 있는 그런 변화가 찾아오길 고대하고 있었다. 그 모든 나의 바람들이 천천히 이루어져서 참으로 기쁘다. 때론 따끔거리고, 때론 부드러웠던 삶의 표면을 더듬는 작업을 우리 모두가 지치지 않고 해내서 다행이란 생각을 했다. 이번을 기회로 삶의 무언가를 되찾는 일, 다시 기억해내는 일을 완료하셨다면 난 그것만으로도 밤낮 가리지 않고 편안히 잠들 수 있을 듯하다. 이 다람쥐 친구들과 함께 추억이 담긴 광릉 수목원을 노니는 꿈을 꾸며 말이다.

 그런 의미에서 마지막을 생생히 장식해 주신 첫째 명희 할머니를 향해 한 말씀 올리고 싶다.

'제 인생에서 지식인다운 할머니는 명희 할머니뿐입니다!'

9장

늙지 않는 나이에 대하여,
늙지 않는 마음에 대하여,
나의 친구들에게

'할머니들과 할아버지는 세월을 작고 작은 물레가 아닌, 그 강인함으로 어렵고 치열한 시대를 온 몸으로 부딪치며 생의 순환을 위해 돌리고 계셨다. 물레가 아닌 물레방아로.'

사랑하는 나의 친구들에게

나의 늙은 친구들, 여러분. 손녀 한완정입니다.

마지막 장은 어떻게 쓸까 한참 고민하다 저는 2023년 오후 9시 44분, 방 한편에 앉아 아쉬움을 그대로 느끼며 지난 1년 동안 나의 친구들과 보낸 시간들을 떠올려 보고 있었습니다. 그러다 문득, 이 책의 첫 페이지는 읽어 주시는 독자 분들께 헌정했다면 마지막은 여러분께 선물하는 것이 맞다 생각했습니다.

약 1년 정도를 여러분의 말과 행동을 글로 옮기며 깨달은 점이 있다면 우리 다람쥐 친구들은 늙지 않는 나이를 지니고 있다는 점이었습니다. 늙지 않는 마음이라 말할 수 있지만 아니, 그것보다 제가 본 여러분은 정말 시간을 넘어서 늙지 않는 사람들 같았습니다. 그도 그럴 것이 제가 태어날 적부터 당신들은 나의 할머니, 할아버지였으며 언제나 파스 냄새와 함께 파마약 냄새를 풍겨 오는 듬직한 나의 어른들이었으니까. 언제나 어른의 모습이었으니 더 나아갈 시간도 나이도, 지혜도 없을 것이다 생각했습니다. 그 어린 나이에는 여러분의 시간이 잠시 쉬고 있다 생각했나 봅니다.

가끔 가다 함께 자는 날이면 파마머리를 한 채 옆으로 돌아누워 자는 모습이 마치 비송과 같아 몰래 킥킥 웃기도 했고, 어쩔 땐 집안의 큰 나무가 자리를 지키는 것 같아 신기했습니다. 그런데, 제 머리가 굵어지고 생의 시간들이 한 꺼풀, 두 꺼풀 지나니 여러분은 점점 소년 소녀, 청춘의 모습을 닮아가고 있었습니다. 철쭉꽃만 보아도 좋아 사진을 찍으시고 그저 걸으며 이야기 나누기를 좋아하시는 모습에 모순적이게도 흘러가는 시간을 느꼈고, 여러분의 아득하고 애틋한 청춘이 그려졌습니다. 여러분이 철원에 있는 첫째 할머니 댁에 자주 놀러 가시는 것도 시간의 유한함을 알기 때문이라 하셨던 것, 기억하시나요? 저는 압니다. 시간도 세월도 걷잡을 수 없고, 제가 한탄강 앞에서 찍어 드렸던 사진처럼 언젠가는 모든 것들이 그리움이 될 것이라는 것을. 그리고 저 또한 언젠가 누군가에게 어른이 될 것이고, 노인이 될 것이고, 그리움이 될 것이라는 것을. 그러나 무섭지 않습니다. 인생, 항상 덧없다- 죽으면 어딘가로 돌아가는 것이다 무심히 말씀하셨지만 제가 본 늙은 청춘인 당신들의 눈빛은 언제나 기억되고 싶고, 살고자 의지로 가득 차 있었으며, 그럼에도 저물어가는 해질녘을 아름답다 생각하는 분들이시니까. 저는 어른이 되고 노인이 되어도 여러분의 그 늙지 않는 나이를 기억하고 생을 놓지 않을 것이며 그럼에도 흘러가는 노을녘에 자신을 맡기며 살아갈 것입니다. 그렇게 저도 여러분의 길을 따라가렵니다.

　인터뷰를 진행하고 책을 집필하며 첫째 이명희 할머니의 모습에선 허리가 굽었지만 그 어느 곳도 당당히 갈 수 있는 돈키호테 같은, 작은 철학자를 떠올렸습니다. 그러다 둘째 이녹희 할머니의 모습에서 세상의 사랑과 자유를 찾아 여행하는 종달새의 망울망울한 울음소리를 떠올렸으며, 셋째 이선희 할머니에게선 밝고 명랑한, 자신이 지키고 사랑하고 싶은 사람들을 위하여 시선을 맞췄던 해바라기의 모습이 선명하게 보였습니다. 그리고 막내 이은승 할아버지의 대화에선 언제나 큰 다인승 봉고차를 끌고 사랑하는 가족들과 함께 어디든 떠날 수 있는 소년인 모험가의 모습이 그려졌습니다.

책의 내용에서 매번 '늙은 청춘'이라 표현했지만 아닙니다, 이제 와 생각을 맺으려 하니 여러분은 그저 '청춘' 그 자체셨습니다. 사랑하는 나의 청춘들, 나의 어른들, 나의 할머니 할아버지- 여러분은 늙지 않는 나이와 마음 그리고 사랑을 가지고 계십니다. 저는 그 사랑에 감사함과 아름다움을 느낍니다. 사실 이 책을 쓰며 여러분께 보여드리지 못했던 여러 의미와 알 수 없는 눈물을 숱하게 흘렸습니다만 여러분이 주인공인 이 책에서 부디 눈물의 냄새가 아닌 꽃의 향기가 나길 바랍니다.

저의 뮤즈가 되어 주셔서 감사합니다.
그리고,

소중하지만 때론 누군가의 무언가로 불렸던 여러분,
귀하의 아름다운 이름을 언제나 찾아주시길, 사랑해 주시길.

네 송이의 백색 라일락 옆에 작게 핀 어린 라일락, 한완정 올림.

─── **Behind Q&A** ───

인터뷰 소감과
독자 분들에게 전하고픈
메시지가 있으신가요?

—

첫째 이명희 할머니

우리 시대 때 같지 않게 이런 것도 해 보고…. 새로웠어. 이런 걸 나한테 물어봐 주는구나 싶었고. 그냥 내 생활을 묻어두고 누구한테 표현 못할 줄 알았는데 손녀딸한테 말하니까 신비로웠다고 해야 할까. 여튼 그랬지.

전하고픈 얘기라…. 어렵네. 지금 젊으신 분들이 보기엔 우리 노인들 시대를 이해하지 못할 수도 있잖아. 그치? 꿈을 표현도 못해 보고 돌아갈 수도 있었을 늙은이들의 한을 풀어낸 글이라 재미가 없을 수도 있지만, 이런 한 많은 시대가 지나고 멋진 시대가 돌아왔으니 인생 멋지게 살아보시길 바란다고 전해줬으면 좋겠어. 이게 내가 하고 싶은 말이야.

둘째 이녹희 할머니

어, 나한테 이런 걸 청해서 나도 이런 걸 할 수 있다는 자신감이 생겼어. 사람들한테 나의 삶이 책에 들어왔다고 무척이나 자랑하고 싶어.

만약에 다음 생이 있다면 더 멋진 사람으로 태어나서 다시 한번 책에 더 멋지게 실리고 싶어. 그리고 이걸 봐 주는 사람들에게 너무 고맙고 감사해.

셋째 이선희 할머니

인터뷰한 소감? 인터뷰도 뭐 저기…. 그렇게 잘한 것 같지 않은데. (웃음) 지나간 것들을 내내 말했지만 그건 내 맘대로 이제 못하고 지나간 과거일 뿐이니까 난 앞으로가 더 중요하다고 생각해. 우리 형제들에 대한 이야기를 담아줘서 참 반가웠어.

독자 분들에겐 이 책을 읽어 주셔서 감사하게 생각하고, 젊은 사람들이 만약 읽게 되신다면 시간이 더 지나기 전에 최대한 자기에게 주어진 삶에서 즐겁게 사셨으면 좋겠어. 그걸 이 책에서도 느껴 주셨으면 좋겠고.

막내 이은승 할아버지

인터뷰 내내 얼떨떨하고 무엇을 어떻게 해야 하는지 잘 모르겠더라고.

어쨌든 내 인생이 책의 이야깃거리가 되었다니 마음이 좀 거시기하네. 내 인생이 담긴 이 책을 읽고, 읽는 분들이 우리보다 잘 살고 진실하게 산다면, 그리고 우리보다 더 나은 걸 생각하게 된다면 난 그걸로 좋을 것 같아.